引爆餐饮抖音

吸粉、引流、变现全攻略

@潘奇 著

中国纺织出版社有限公司

图书在版编目（CIP）数据

引爆餐饮抖音：吸粉、引流、变现全攻略／潘奇著 . --北京：中国纺织出版社有限公司，2024.1
ISBN 978-7-5229-0737-6

Ⅰ．①引… Ⅱ．①潘… Ⅲ．①饮食业－网络营销 Ⅳ．①F719.3

中国国家版本馆CIP数据核字（2023）第125982号

责任编辑：张　宏　　责任校对：高　涵　　责任印制：储志伟

中国纺织出版社有限公司出版发行
地址：北京市朝阳区百子湾东里A407号楼　邮政编码：100124
销售电话：010—67004422　传真：010—87155801
http://www.c-textilep.com
中国纺织出版社天猫旗舰店
官方微博 http://weibo.com/2119887771
天津千鹤文化传播有限公司印刷　各地新华书店经销
2024年1月第1版第1次印刷
开本：710×1000　1/16　印张：16
字数：192千字　定价：59.00元

凡购本书，如有缺页、倒页、脱页，由本社图书营销中心调换

前言 PREFACE

2022年中国餐饮行业有将近5万亿元的市场容量，餐饮从业人数近3000万，全国餐饮商户达到2000万家。在这2000万家餐饮商户中，会有多少能存活超过5年、10年，又会有多少餐饮品牌昙花一现？市场仍然是那个市场，但是大浪淘沙，新旧更新，唯有不断迭代，才能跟得上市场前进的步伐。

在餐饮品牌创立的过程中，会面临很多问题，比如财务、营销、开店、招人等方面有各种层出不穷的问题。对于餐饮来说，在所有亟待解决的问题中，笔者认为最重要的核心问题是要解决流量问题。没有流量就没有客户，一切都是0。所以，把餐饮认定为流量生意是绝对没有错的。

如果把流量进行分类的话，餐饮行业总体上可分为线上流量和线下流量。线下流量主要靠选址，选址确定性非常高，一旦确认选址，短时间内很难更改。并且选址属于稀缺资源，一个地点只能开一家餐饮店。而对于线上来说，目前餐饮主要是有三个流量入口：外卖、点评、抖音（小红书目前的核销体系还不完善，暂时不纳入）。外卖和点评经过近十年的发展，整个体系已经非常成熟。而这两年抖音持续火爆，所有人都还在摸索阶段。

随着抖音的火爆，近两年涌现出非常多的餐饮网红品牌，它们原本只有一两家店面，但是借助抖音的力量，有的半年之内开出了100多家店，这种疯狂的扩张速度前所未有。但是，据统计，目前网红餐厅的倒闭率达到了80%，事实再一次证明，餐饮必须要回归本质，抖音充其量只能锦上添花。

在写这本书之前，笔者在餐饮行业已经深耕了近 15 年。这期间自己以及所带的团队运营了很多抖音账号，其中涨粉最快的一个账号是 40 天涨粉 5 万。这些年一直埋头苦干，突然有一天，有一种非常急切的冲动想跟大家分享一些抖音运营的经验。

这本书一定不是教大家怎样一夜之间在抖音爆火，而是笔者将自己近几年的餐饮实操经验娓娓道来。整本书尽量不空谈一些大道理，而是真正输出一些能够落地、能够实操的干货，希望各位朋友拿来就能用，用了就能有效果。

为了能让大家边读书边实操，从而尽快落地实践，笔者在每一章的最后都设置了一个抖音行动清单，看书只是辅助，行动才是硬道理，希望我们所有餐饮人尽快动起来！

潘奇

2023 年 6 月

目录 CONTENTS

第1章 玩转抖音，开启餐饮营销新时代

1.1 浅析餐厅流量新时代 / 003

1.1.1 餐厅流量的五大阶段 / 003
1.1.2 抖音平台流量的特点 / 005
1.1.3 抖音火爆的三大本质 / 008

1.2 抖音用户属性分析 / 010

1.2.1 抖音用户规模 / 010
1.2.2 抖音用户属性 / 011
1.2.3 抖音用户偏好 / 012

1.3 餐厅如何拍好抖音 / 014

1.3.1 餐厅拍好抖音七大理由 / 014
1.3.2 餐厅拍好抖音三大必要条件 / 016

第2章 搞懂抖音，解密抖音算法推荐机制

2.1 抖音系统智能推荐算法 / 021

2.1.1 抖音播放推荐阶梯机制 / 021
2.1.2 抖音系统三大智能算法 / 022

2.1.3 智能推荐算法常见问题 / 023

2.2 抖音系统审核机制 / 025

2.2.1 视频双重审核机制 / 025

2.2.2 抖音视频发布审核流程 / 026

2.2.3 如何加快抖音审核进度 / 027

2.3 解析抖音视频四大核心要素 / 027

2.3.1 提升完播率技巧 / 028

2.3.2 提升评论率技巧 / 029

2.3.3 提升转发率技巧 / 031

2.3.4 提升点赞率技巧 / 032

2.3.5 提升收藏率技巧 / 033

第3章 避坑指南，企业号运营必备知识点

3.1 餐饮抖音号要不要加蓝V / 039

3.2 抖音与视频号的区别 / 043

3.2.1 抖音特点分析 / 043

3.2.2 微信视频号特点分析 / 044

3.2.3 视频号与抖音的区别 / 046

3.3 抖音运营注意事项 / 049

3.3.1 餐厅抖音运营三大误区 / 049

3.3.2 餐厅抖音运营三大关键点 / 051

第4章　精准起号，快速搭建餐厅抖音营销号

4.1 精准定位，餐厅抖音快速起号　/055

4.1.1 快速找准定位，选择适合自己的题材　/055
4.1.2 传递实用价值，给到用户真正想要　/057
4.1.3 挖掘用户情感，带动用户情绪　/059

4.2 模仿创新，对标餐饮优秀账号　/061

4.2.1 对标优秀账号，快速找到自己的风格　/061
4.2.2 分析最近爆款，模仿比创新更重要　/063
4.2.3 适当控制预算，合理准备拍摄设备　/066

4.3 注重装修，提升餐饮主页吸粉率　/068

4.3.1 标题快速吸睛，抓住用户眼球　/068
4.3.2 隐藏槽点设计，引发群体争议　/070
4.3.3 关键爆点打造，不断强化特色　/070

4.4 搞定装修，提升餐饮主页吸粉率　/071

4.4.1 封面：价值感，"标题党"　/071
4.4.2 头像：品牌感，有个性　/074
4.4.3 名字：看得懂，记得住　/075
4.4.4 简介：提核心，讲重点　/075
4.4.5 引流：上标签，促转化　/077

第 5 章　高手进阶，快速掌握短视频运营技巧

5.1　餐厅抖音拍摄技巧　/ 081

　　5.1.1　餐厅拍摄三大主题　/ 081
　　5.1.2　抖音景别设置技巧　/ 087
　　5.1.3　拍摄构图技巧　/ 092
　　5.1.4　抖音视频拍摄技巧　/ 094

5.2　抖音视频运营技巧　/ 096

　　5.2.1　餐厅拍摄抖音最常见的六种风格　/ 096
　　5.2.2　各类拍摄风格总结　/ 102
　　5.2.3　抖音视频发布技巧　/ 103

5.3　餐厅爆款文案怎么写　/106

　　5.3.1　餐厅文案的四大步骤　/ 107
　　5.3.2　餐饮文案类型　/ 111
　　5.3.3　如何写出文案金句　/ 115
　　5.3.4　视频介绍文案给谁看　/ 116

5.4　餐厅常用剪映剪辑技巧　/118

　　5.4.1　三大技巧，随手剪出完美大片　/ 118
　　5.4.2　控制音频，让视频重新发声　/ 123
　　5.4.3　玩转字幕，全面突出视频亮点　/ 124

第 6 章　玩转抖加，加速引爆餐厅抖音流量

6.1 全面剖析抖加投放机制 / 129

6.1.1　抖加基本功能 / 129

6.1.2　抖加投放的三大技巧 / 131

6.1.3　抖加投放注意点 / 132

6.1.4　如何提升抖音账号权重 / 134

6.2 详解抖加三种投放方式 / 136

6.2.1　系统智能投放 / 136

6.2.2　自定义投放 / 137

6.2.3　达人相似投放 / 138

6.3 抖音八级流量池 / 139

6.3.1　详解抖音八级流量池 / 140

6.3.2　抖加投放不成功原因 / 141

6.3.3　餐厅抖音如何投抖加 / 143

第 7 章　巧用工具，让餐厅抖音运营更专业

7.1 文案运营类工具 / 147

7.1.1　百度指数 / 147

7.1.2　易撰 / 147

7.1.3　微博风云榜 / 147

7.2 图片编辑类工具 / 148

7.2.1 图片查看软件——2345 看图 / 148

7.2.2 Photoshop / 149

7.2.3 搞定设计——创客贴 / 149

7.3 视频剪辑类工具 / 149

7.3.1 视频剪辑软件——剪映、Premiere / 149

7.3.2 视频播放软件——腾讯影音、Pot 播放器 / 149

7.3.3 音乐平台——酷狗音乐 / 150

7.4 数据分析类工具 / 150

7.4.1 抖查查 / 150

7.4.2 飞瓜数据 / 151

7.4.3 新榜 / 154

第 8 章 变现第一，餐饮店抖音如何快速变现

8.1 引流卖货变现 / 159

8.1.1 门店团购及代金券变现 / 159

8.1.2 抖音卖产品变现 / 159

8.1.3 售卖课程变现 / 161

8.2 招商培训变现 / 163

8.2.1 招商加盟变现 / 163

8.2.2 收学费卖技术变现 / 163

8.3 私域流量变现 /164

8.3.1 抖音代运营变现 /164
8.3.2 一对一咨询变现 /165

第9章 玩转抖音，开启餐厅娱乐营销新时代

9.1 快速了解餐厅抖音团购 /169

9.1.1 抖音团购优势 /169
9.1.2 如何设计团购套餐 /171
9.1.3 抖音团购对行业的影响 /173

9.2 如何申请门店 POI 地址 /174

9.2.1 什么是抖音 POI /174
9.2.2 如何快速申请认领 POI 地址 /175

9.3 如何打造抖音金牌门店 /178

9.3.1 什么是经营评分 /178
9.3.2 为什么要提升经营评分 /179
9.3.3 如何快速提升经营评分 /180

9.4 详解抖音来客 /181

9.4.1 抖音来客平台简介 /181
9.4.2 抖音来客功能介绍 /182

第10章　全民直播，强曝光给餐厅持续引流

10.1　抖音直播的特点　/ 187

10.1.1　餐厅直播的特点　/ 187
10.1.2　餐厅直播优势　/ 188
10.1.3　餐厅直播注意事项　/ 190

10.2　抖音直播外包　/ 191

10.2.1　直播外包团队费用　/ 191
10.2.2　直播外包团队人员组成　/ 192

10.3　餐厅直播形式分类　/ 193

10.3.1　内容不同的直播方式　/ 193
10.3.2　形式不同的直播方式　/ 196

10.4　打造餐厅直播间火爆人气　/ 198

10.4.1　影响直播间人气的因素　/ 199
10.4.2　直播间运营技巧　/ 201
10.4.3　快速提升直播间粉丝互动量　/ 204

第11章　新店开业，如何引爆一个城市抖音

11.1　快速摸清城市抖音情况　/ 211

11.1.1　了解新开门店商圈竞品　/ 211
11.1.2　分析抖音热门流量品牌　/ 211
11.1.3　搜集竞品的达人探店号　/ 216

11.2 找到优质抖音合作商 / 217

11.2.1 合作前期注意事项 / 217

11.2.2 签订合同的三个注意事项 / 219

11.3 达人探店中期准备 / 220

11.3.1 门店员工提前做好准备 / 220

11.3.2 抖音矩阵账号发布技巧 / 222

11.3.3 抖音团购的条件 / 223

11.4 做好数据复盘和分析 / 224

11.4.1 整体三量数据复盘 / 224

11.4.2 门店营收对比复盘 / 225

11.4.3 营销投入产出比复盘 / 225

第12章　从零开始，快速搭建抖音团队及预算

12.1 团队搭建，组建餐厅抖音运营小组 / 229

12.1.1 餐厅抖音号运营者现状 / 229

12.1.2 抖音运营七大核心步骤 / 230

12.1.3 抖音小组人员高效分工 / 232

12.2 高效运营，快速提高短视频团队效率 / 233

12.2.1 抖音运营人员选拔和目的 / 233

12.2.2 如何布局餐厅抖音矩阵 / 234

12.2.3 抖音矩阵的常见类型 / 236

12.2.4 头脑风暴甄选抖音选题 / 237

12.3 设立目标，抖音也需制定 KPI 考核 / 238

12.3.1 以品宣为目的的 KPI 设置 / 239

12.3.2 以网红店为目的的 KPI 设置 / 239

12.3.3 以卖货为目的的 KPI 设置 / 239

12.3.4 以加盟为目的的 KPI 设置 / 239

后记 如何正确看待抖音给餐饮行业带来的变革

第1章
玩转抖音，开启餐饮营销新时代

随着移动时代的到来，人类的阅读习惯也在渐渐发生改变。从文字、图文，跨越到如今的短视频时代，新的信息获取方式开启了人们新的娱乐时代，丰富了人们的精神世界。对于餐饮行业来说，流量一直是大家茶余饭后经常谈及的话题。随着大家阅读习惯的变化，线上流量以及众商家引流的营销模式也在不断发生改变。本章将详细分享短视频带来的餐饮行业营销新时代。

1.1 浅析餐厅流量新时代

从流量的角度来看，餐饮行业发展到今天，进店客流的模式也发生了很多的变化。迄今为止，餐饮店客流主要经历了五大阶段，这五大阶段分别给餐饮行业注入了很多新的活力，也为很多餐饮品牌带来了源源不断的现金流。同时，几乎每个餐饮人都能感受到，得流量者得天下。本节将详细介绍一下新抖音时代，餐饮流量的进化升级之路。

1.1.1 餐厅流量的五大阶段

从很早以前的图文时代跨越到如今的短视频时代，餐厅的引流方式也随之发生了很大的变化。无论是内容的形式，还是内容的展示方式，都有了很大的变化。从图文到视频，信息的展示角度更丰富，传播更广泛，餐饮行业流量也经历了五大阶段。

（1）第一阶段：团购

2011年，餐饮行业迎来了线上流量大爆发的时代——团购。当年的团购大战对如今的餐饮格局产生了深远的影响。彼时美团网、团宝网、拉手网、24券等掀起了一波团购投资浪潮，餐饮行业作为最贴近民生的行业也成为当时团购平台最大的收入来源之一。正是从那个时候开始，消费者逐渐被培养起来了两个习惯：

① 先买单再体验

吃饭可以先买单交易再线下体验，而传统的餐饮消费习惯是先在门店消费体验然后买单。

② 团购模式兴起

一个产品只要买的人多，就可以跟商家谈条件获取更大的优惠。餐饮行业正式由原来的卖方市场变成了买方市场，用价格换取流量的模式由团购时代正式开启。

（2）第二阶段：社交餐饮

2011年，微信问世，中国开启社交元年。当时基于LBS定位的软件在中国大行其道，各类餐饮投资人嗅到商机，在资本的加持下，各类社交餐饮软件开始走入人们的视野。但是好景不长，社交餐饮后期因为主打陌生人社交，牵扯出了很多隐私曝光的问题，被人们诟病。纵观社交餐饮史，其发展的时间并不长，前后大约不到2年的时间，经历过一轮热潮之后，社交餐饮渐渐销声匿迹了。

（3）第三阶段：公众号

在中国图文发展的历史上，经历了一个非常重要的时代，就是公众号。公众号于2012年8月诞生以来就受到人们的追捧，2013—2014年开始火爆，直至今天，公众号仍然具有很大的影响力。那个时候，走在大街上到处能听到关于公众号的消息，朋友圈某某某分享了某公众号文章。公众号可以理解为博客升级版，但得益于移动时代的兴起，手机阅读更加方便。

公众号对于餐饮来说，应该是属于内容爆发的时代。笔者记得那个时候我们见得最多的就是"某城市十大苍蝇馆子""某城市必打卡十家小吃"，公众号文章里各种角度的菜品图片，各种有诱惑力的文字帮助很多消费者解决了选择困难的问题，但是因为公众号的交易闭环始终没有打通，图文模式依旧没有使餐饮行业产生大的变革。

（4）第四阶段：大众点评

从餐饮流量的发展轨迹来看，不得不提到KOL（意见领袖）和KOC（关键消费者）这一波浪潮。经过公众号图文的发展，餐饮行业诞生了一大批美食爱好者，她们能从多角度拍出有诱惑力的美食图片，写出非常多有诱惑力的文字。大众点评诞生以后，这些被冠以美食博主的各路大咖，在大众点评上因为经验十足，逐渐成为意见领袖。他们在大众点评上晒出自己的观点，历经10年，大众点评评价生态系统逐渐形成，并成为中国最大的美食评价分享生态社区。

（5）第五阶段：抖音

随着移动互联网发展逐渐成熟，经历了图文时代后，人们的阅读习惯正式进入短视频时代，抖音应运而生。抖音在某种程度上完全颠覆了以上所有模式，抖音的展示内容一下从图文时代跨越到视频时代，角度更多样，内容更丰富，用户的成瘾性更高。与图文方式的最大不同在于抖音打通了交易闭环且完全去中心化，通过抖音可以完成线上买单线下交易的全过程。很多餐厅开始通过抖音获取流量，很多餐饮品牌通过抖音扩大影响。对于所有餐厅来说，抖音的出现带来了一个巨大的流量入口。

1.1.2 抖音平台流量的特点

对各大流量平台来说，每个平台都有自己的特点。与公众号、大众点评等以往的各个平台都不同，抖音的独有特点是娱乐化、去中心化。这其实跟社会的变迁有莫大的关系。随着社会变迁与不断发展，人类获取知识的欲望越来越强烈，形式越来越多样。相比于以往任何一个流量平台，抖音是非常独特的。本节将从两个角度阐述抖音平台的特点，弄清楚抖音这个平台的特性，我们才能更好的利用好这个平台的流量。

（1）娱乐性

如果经常刷抖音，我们可能会看到一些餐厅的抖音号不正经做餐饮内容，不好好拍菜品，却花很多精力找一些演员做一个剧情号，这是为什么呢？其实，最主要原因还是为了迎合抖音平台的特性——娱乐性。在抖音平台上，爆款的内容主要以舞蹈、搞笑段子、情节为主。为什么大家喜欢轻松、诙谐、搞笑的娱乐化内容？主要还是因为人们在生活中遇到巨大的压力，所以只想在碎片化的时间里找些乐子，因此抖音爆款中90%以上都是娱乐化的内容。

同时，抖音短视频跟以往的文字和图片是完全不一样的，视频的展示效果更多样和丰富。原来展示的更多是静态的东西，而抖音更多的是展示动态，所包含的内容更多，更能带动人的情绪。这也是很多人沉迷于抖音的原因。人们甚至经常刷一两小时抖音也没有什么感觉。所以我们在策划视频内容的时候，一定要考虑抖音的本质是一个娱乐化平台。

（2）短平快

随着移动互联网时代的兴起，大家使用手机的时间不断加长。碎片化信息大量地消耗人们的时间，而抖音之所以如此火爆，不断占据人们的日常生活，正是因为其具有短、平、快三大特色。

① **短**

抖音的第一大特色是"短"，所以抖音也被称为短视频。视频时长和观看时间以秒为单位，无论是创作者还是观看者，投入的时间成本相对较低。

其实，如果我们仔细观察会发现，抖音把"短"的优势发挥到了极致。例如，音乐库中的音乐做到了短而精悍，大部分歌曲只截取高潮部分，大部分电影也是只截取高潮片段，人们在体验时，可以毫无顾忌地过滤掉冗余环节直接进入高潮。同时，为了打破时间上的限制，抖音还提供了视频加快和放慢的功能，让用户无论是在制作视频时还是在观看视频时都能轻松地把控节奏。

② 平

抖音的第二大特色是"平"。"平"主要体现在其门槛非常低，无论是后台创作者，还是前台观看者，抖音短视频的门槛几乎为零。人人都能参与创作，人人都能看懂，这也是抖音让人上瘾的原因之一。抖音提供了各种"傻瓜式"的视频拍摄方法，对嘴表演模式解决了普通人内容创作的难题，智能语音解决了人们不愿意说话的难题，这使拍摄短视频成为人人都能做的事，同时又增添了很多趣味。只有人人能参与，抖音才能联动更多的用户，让更多的用户上传更多的内容，抖音平台在大家共创的情形下，形成了独有的庞大内容库。

③ 快

抖音的第三大特色就是"快"。抖音的"快"主要表现为以下四个方面。

首先，产品迭代快。

从 2018 年开始，抖音的版本不断更新迭代，平均 1 到 2 个月迭代一次，可见其调整、优化速度之快，各种基于抖音的新玩法也不断增加。

其次，市场反馈快。

抖音的审核机制是非常严格的，对违规账号的封禁、对违规内容的删除、对社会反馈的问题都有快速的回应及调整，如每月通告封禁账号及内容、防沉迷机制的上线等，极大地保障了平台内容在监管的条件下有序传播。同时，用户遇到问题也可第一时间向抖音客服反馈，基本都能得到抖音官方第一时间的回复。

再次，热点更新快。

抖音平台基本上能保持每周一个大热点、每天一个小热点的频率。我们可以看到，现如今一些大事件基本第一时间是通过抖音这个窗口被大家知晓的。对于抖音中出现的一些热点内容，我们常常来不及反应就被其他热点代替了，由此可以说明，抖音热点更新之快令人目不暇接。

最后，增长速度快。

无论是抖音用户的增长，抖音内容、形式的增加，还是抖音电商市场规模的扩大，抖音账号的粉丝数增加，速度都很快。抖音相关的一切都处在一个增长的阶段，这恰恰说明了，目前抖音正处在一个成长的红利期。如何踩中这个红利期，搭上这波流量的快船，值得我们每一个人认真研究和学习。

1.1.3 抖音火爆的三大本质

作为抖音运营者，我们需要更深层次地了解抖音火爆的本质。抖音能够成为今天最热门的 APP 之一，必然有其更深层次的原因。挖掘抖音最深层次的本质，有利于我们更加了解抖音的底层逻辑。

（1）视频是更高级的图文

在抖音出现之前，我们一直处在图文时代，比起长段文字，人们更愿意看简单明了的图片，这和我们的大脑接收信息的原理有关。因为人类大部分信息获取的渠道其实是视觉刺激，这种刺激对大脑来说更加直接。文字是初级刺激，人类通过阅读文字产生理解和想象。图片是中级刺激，所见即所得，图片包含的内容更丰富，人类对图片内容的理解效率更高。视频是高级刺激，视频属于更高级的图文。与图片相比，视频带给人的刺激更强、内容更饱满，动态丰富的视频内容更能激发人的本能欲望。

（2）移动互联网造就抖音

抖音的火爆绝对离不开移动互联网时代的发展。移动互联网时代，人们的生活基本上全部能在一部手机上搞定。在手机上购物、休闲、吃喝玩乐，只要带一部手机出门就可以搞定一切。抖音大量地占据人们的碎片化时间，人们不仅通过购物完成生活的必需，还能通过抖音休闲娱乐，这一切都离不开移动互联网的发展和普及。

（3）无限抢夺用户时间

从我们日常生活场景来看，如果把人的一天分为三个 8 小时：睡觉 8 小时、工作 8 小时、生活 8 小时，"生活 8 小时"几乎完全可以被看作我们可以放松的时间。而这"生活 8 小时"的特征是：时间、空间上高度碎片化。我们可以选择看书学习 8 小时，也可以选择娱乐放松 8 小时。不管你是在吃饭还是上厕所等各种碎片化场景，短视频都能占用你的时间。抖音的本质就是让你沉迷，不管是吃饭还是工作都能在一个 APP 上全部完成，抖音的本质是不断增加你的使用时长。

> **小贴士**
>
> 为什么我们只要看过一个视频，紧接着就会刷到同类型的各种视频？因为抖音通过算法知道我们喜欢什么内容，洞察到我们的浏览习惯，给我们推送我们感兴趣的内容。我们就这样悄无声息地被抖音占去了大部分时间。我们经常看到很多视频打上硕大字幕，继而沉迷于观看

> 某个电影片段。内容生产者的唯一目的就是让我们在短时间内沉迷，为下一步商业计划做打算。

1.2 抖音用户属性分析

要想真正了解抖音，我们需要针对抖音的用户做系统的分析和研究，了解抖音用户主要的年龄层，浏览习惯等。这样才能针对不同的用户制订不同的运营策略。

1.2.1 抖音用户规模

研究抖音其中有一个最重要的工作就是研究抖音用户的画像。了解真正的客群，我们才能知道市场在哪里，以及如何有针对性地获取更多精准的用户。那么，抖音的主力用户群体究竟具备哪些特征呢？

截止到 2022 年 8 月，抖音的日活跃用户数量（Daily Active User，DAU）已经超过 8 亿，目前也是中国下载量最大的手机 APP 之一。抖音集团旗下除了抖音，还有今日头条、火山视频等 APP，总用户预计达到 19 亿。其数据覆盖量非常庞大。

上述内容只是对抖音主力用户群体所做的简要分析，作为餐饮行业的抖音运营者还要结合其他要素进行分析，并注意数据的时效性。抖音是一个热度极高的平台，其用户画像虽然不会经常发生大规模变动，但也会发生小的调整。只有及时采集相关数据、深入分析用户，才能保证运营方向准确。

1.2.2 抖音用户属性

不同的用户，其属性不一样，年龄层次也不一样。相比于其他互联网平台，抖音用户中的男女比例相对均衡。

（1）用户性别

与其他同类型的互联平台相比，抖音用户的性别比例相对均衡，抖音的男性用户比例略高于女性用户，男用户所占比例为52.2%，女用户为47.8%。比较均衡的男女用户比例间接地反映了抖音内容男女通吃，人人爱玩抖音的现状。

（2）用户年龄

抖音在上线初期对目标用户的定位就非常明确，其运营团队希望抖音能够聚集更多年轻、优质的流量，这有利于维持抖音的整体热度。据统计，"80后""90后""00后"是目前抖音的消费主力军（图1-1），整体占到8成左右。

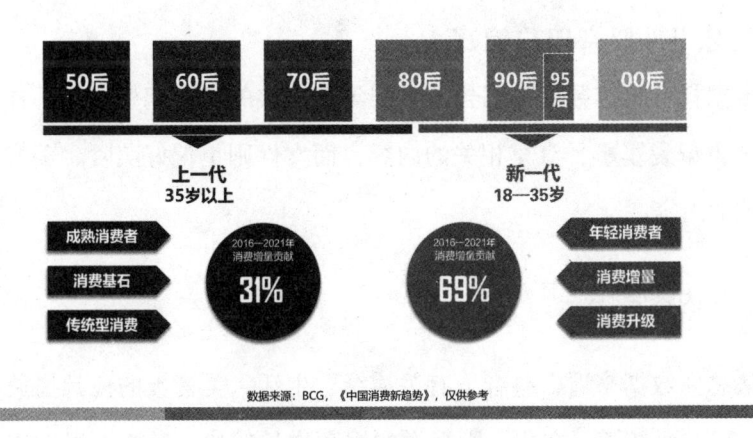

图1-1 抖音用户属性

（3）用户区域分布

从全国整体抖音用户分布数据来看，一线城市的渗透率是最高的（图1-2）。男性和女性的活跃度相当，非一线城市用户超7成，比一线城市的抖音用户还要更多，由此可以看出目前抖音用户正在走下沉路线。

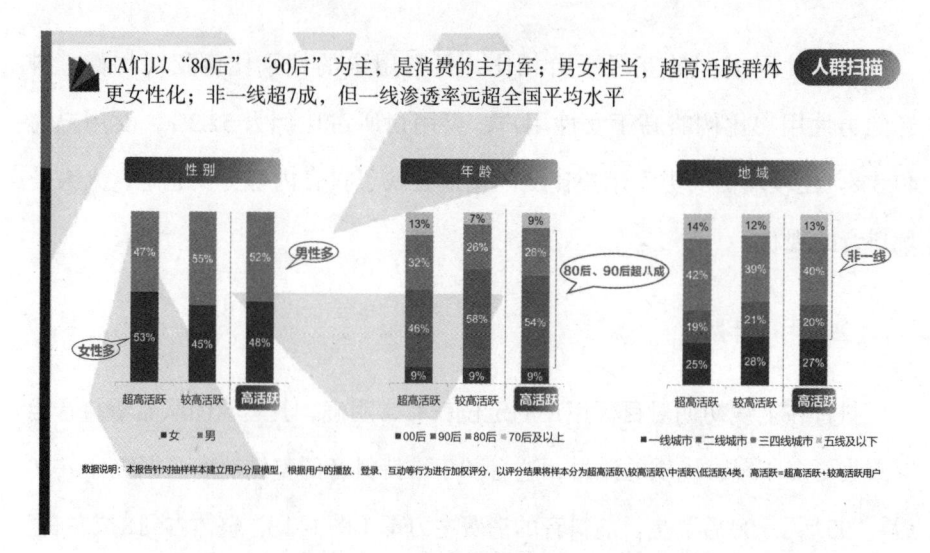

图1-2 用户区域分布

1.2.3 抖音用户偏好

根据抖音官方数据的报告，不同年龄层次的用户偏好是不一样的。男性用户更偏爱军事、汽车相关的内容，而女性则更偏好美食、美容、亲子等相关的内容。

（1）内容偏好

从总体数据来看，抖音上有关演绎、生活、美食类的视频播放量较高（图1-3），而情感、文化、影视类的视频增长较快。其中，男性用户对军事、游戏、汽车的偏好度较高，女性用户对美妆、母婴、穿搭的偏好较高。

"00后"对游戏、电子产品、时尚穿搭类的视频偏好度较高,但在视频内容方面,二次元、游戏、运动与穿搭的占比偏高。"95后"对游戏、电子产品、时尚穿搭类的视频偏好度较高,但在视频内容方面,演绎、影视、二次元与创意的占比偏高。抖音不同年龄用户最爱拍摄的内容:"00后"爱拍二次元,"90后"爱拍风景,"80后"爱拍亲子,"70后"爱拍美食,"60后"爱拍舞蹈。

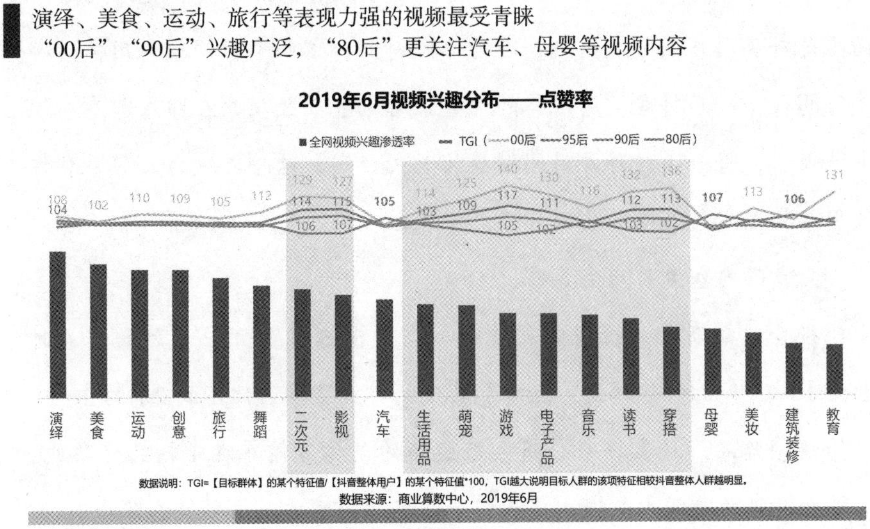

演绎、美食、运动、旅行等表现力强的视频最受青睐
"00后""90后"兴趣广泛,"80后"更关注汽车、母婴等视频内容

2019年6月视频兴趣分布——点赞率

图 1-3　抖音用户偏好

（2）用户活跃时间

从抖音用户的活跃时间来看,主要集中在中午和晚上时段。许多用户都会利用碎片时间来刷短视频,其中比较具有代表性的时间点是中午 12 点和晚上 9 点。另外,上午 7 点、下午 6 点是用户活跃度产生明显上升趋势的时间点。通过观察这些时间点可以发现,大部分用户将抖音当作打发时间或者放松心情的工具。

> **小贴士**
>
> 1. 从用户分布数据来看，抖音初始定位年轻人群体十分成功
>
> 抖音初始阶段定位的目标用户群体即为年轻人群体，通过针对年轻人进行新奇、搞怪、潮流等方式运营，初始阶段结合战略合作策略导入KOL和一些明星资源，迅速站稳脚跟。
>
> 2. 从使用时间聚焦数据来看，用户使用呈现碎片化时间
>
> 从用户24小时使用抖音的时间数据可以看出，午间和晚间两个时间段是抖音用户高频使用期，即为休息时间，这两个时间段内用户的碎片时间较多。而抖音"魔性"的运营策略可能导致用户在即点即看中逐渐被吸引，将一小段碎片时间转换为长久使用，这一点从白天用户整体使用率相差不大可窥知一二。
>
> 3. 精品内容更易产生共鸣
>
> 抖音的初衷即为短视频创作平台，有59.53%的用户创作的作品时长为10~15秒，引起转发、点赞和共鸣的作品则是占比不到2%的30~60秒的视频作品。从数据来分析，短视频的创作目前正在走精品化路线，能够在有限的时间内展现出更多引起共鸣的内容才是主要策略路线。

1.3 餐厅如何拍好抖音

对于一家餐厅来说，流量是非常重要的要素之一。俗话说，得流量者得天下。随着抖音的火爆，各类餐厅开始在抖音上挖掘流量，以获得更多客户。

1.3.1 餐厅拍好抖音七大理由

餐饮店为什么要拍好抖音？其实对于每一个餐饮人来说，最大的难题

在于怎样快速获取流量。目前餐厅的线上流量入口主要来自4个平台：大众点评、抖音、外卖、小红书。外卖和大众点评的流量体系已经非常成熟，小红书的核销变现体系目前还没有打通，而抖音成为目前餐饮行业最大的流量入口。

（1）大众点评流量越来越贵

作为餐饮最主流的线上平台流量入口之一，大众点评一直是餐饮商家的必争之地。从功能划分来看，大众点评分为免费版和商户通收费版。免费版不能上套餐、代金券，基本上没什么功能。商户通收费版不仅可以对自己的线上店面进行装修，还具有团购、秒杀等功能，但是需要支付一定的年费。同时，要想快速在点评上获得更多流量，还需支付一些其他项目费用，比如：推广通、NCPM等。推广通按点击收费，NCPM一般都是上万元起充，一般的小商户根本不敢轻易尝试。

（2）抖音可以薅到免费流量

现在所有线上平台，流量几乎都要花钱买。而一条抖音视频，官方会给你300~500的免费流量，也就是说，抖音会把你推送到500人面前，这种免费的推流机制是以往其他所有平台都不具备的。

（3）抖音可以搭建自己的私域流量

抖音作为一个互联网平台，其线上展示也是非常丰富的。抖音的主页可直接留商家电话，同时商户拥有自己的抖音粉丝群体。一旦你更新视频，那么粉丝会第一时间收到你的消息。相当于你在抖音上搭建了自己的私域流量平台。

（4）美食类抖音团购只抽取 2.5% 的佣金

目前餐饮行业的抖音团购已经做得非常成熟了，只要用户喜欢你的内容，就有可能点击左下角地址进行团购。目前抖音的到账周期是 14 天，而抖音的佣金抽取比例是 2.5%。但是大众点评目前平均要抽取 5%~7% 的佣金。大众点评的抽佣是抖音抽佣的两倍。

（5）抖音团购没有门槛

很多城市大众点评上套餐有两个门槛，第一个门槛是需要开通商户通，第二个门槛是上套餐必须达到一定折扣，否则不能上线。但抖音上团购除需要提交营业执照和食品经营许可证以外，目前没有其他任何门槛。

（6）抖音兼具公域和私域功能

如果想在大众点评获得公域流量，只能花钱购买。而抖音则是公域和私域流量两者相结合。只要你的视频内容好，视频获得的点赞比较多，公域流量很容易就能转化为私域流量。

（7）抖音真人出镜，可建立品牌人设

很多餐饮品牌做了多年线上营销，但是消费者对其品牌几乎没有认知。提到品牌名，消费者也没有任何联想。通过抖音，餐厅可以很快打造品牌人设，比如：老板娘、创业大咖、美食达人等。只要定期更新视频，就能快速将自己的品牌曝光并且打造自己的品牌人设。

1.3.2 餐厅拍好抖音三大必要条件

对于一家餐厅来说，想要拍好抖音，了解抖音的运营逻辑，最好的方法是老板亲自上阵拍摄抖音，只有自己真正实操才能掌握抖音运营的技巧。

（1）餐厅老板自己带头拍抖音

一家餐饮店常规抖音运营有两种方法，一种是请外包团队拍摄，另一种是自己拍摄。随着抖音运营越来越专业化，市面上出现了非常多抖音外包机构，只需要花一定的费用，就能将账号做到一定量的粉丝。笔者在这个过程中也交了不少学费，市场上常见的两种抖音外包代运营的方式（表1-1）：

表1-1　两种常见抖音外包代运营

外包代运营形式	收费形式	合作方式	合作价格参考
年度抖音IP打造	以年为单位进行一次性收费	包含抖音定位、抖音视频拍摄、抖音脚本的撰写等全托管式的合作方式	15万~30万
月度抖音代运营	以月为单位进行一次性收费	每个月提供一定数量的视频	2000~5000元/1个月

笔者有一个朋友的公司曾经尝试过年度抖音IP打造，当时共花了近20万元，抖音账号最后到了5万粉丝。但是后面自己接手账号以后，发现账号粉丝的变现能力非常差，数据也不是特别好。接手以后，发布的视频播放量基本都在1000以内，长时间无法出现一条爆款。

这种外包IP打造的形式很难长时间持续，因为成本确实太高，所以抖音运营性价比最高的方式还是自己花心思来做。只有自己拍摄，自己剪辑才能慢慢熟悉抖音的门道，知道怎么运镜，怎么写文案，怎么拍才会火。而代运营最多能在前期起一个指引和参考的作用。

（2）从创始人开始认识到抖音的重要性

也许我们大家都认为抖音很重要，但是，其实现在很多做餐饮的老板并不认为抖音有多么重要。很多人还停留在传统的引流思维，没有意识到抖音能带给他们多大的价值，总觉得抖音就像一阵风，吹吹就过了。对于抖音，处在看不上、看不懂的阶段。从笔者的感觉来看，抖音的红利期最多还有两到三年。三年以后任何一个行业，想要从抖音引流将会变得非常困难，那个时候的竞争也一定会陷入白热化阶段，抖音的内容创作也会到达一个瓶颈。所以，现在做抖音一定是最好的时候，作为餐饮从业者一定要趁早入局。

（3）想清楚拍抖音主要朝哪个方向

后面的章节，笔者会详细介绍抖音的拍摄和运营技巧。任何一家餐饮店在拍摄抖音的时候一定想清楚自己朝哪个方向走。你做这个抖音号是想做加盟，还是想给门店引流，还是想带货？最开始一定要把定位做好。因为不同的变现方向，抖音账户的定位是完全不一样的。比如：如果你想做加盟，你的视频就是给 B 端的客户看，那么你的视频整体呈现就是要客户看了以后觉得做你的项目能赚钱。如果你想给门店引流带动团购的销售，你的视频就是给 C 端的客户看。整个视频的内容就要客户看了很想吃，很想来店里面体验，那么像菜品的呈现、制作方式的视频主题才会更吸引人。就目前的情况来看，很难做到一种风格，既能获取 C 端的客户又能获取 B 端的客户。所以餐厅的抖音在拍摄前期一定要找准自己的定位。

本章抖音行动清单：

1. 观察一下身边至少 5 个刷抖音的人的主要年龄层。

2. 老板或者创始人开始注册自己的抖音号。

3. 思考自己餐厅做抖音的核心目的。

4. 开始行动，给自己定一个年度抖音粉丝数目标。

第 2 章
搞懂抖音，解密抖音算法推荐机制

任何一个互联网平台都有规则和算法，抖音当然也不例外。其实，抖音算法并没有我们想象的那么复杂，也没有我们想得那么高深莫测。我们在做抖音运营的时候需要了解这个平台的基本逻辑，才能更好地驾驭这个平台，更好地利用平台的规则，从而达到自己的目的。本章将详细阐述抖音平台的底层逻辑和算法规则。

2.1 抖音系统智能推荐算法

和以往所有平台不一样，抖音平台属于完全去中心化的平台，其智能推荐算法非常强大。不管是阶梯的推荐机制，还是流量池的层级都有迹可循，我们需要从这些机制中寻找机会点和突破点。

2.1.1 抖音播放推荐阶梯机制

抖音播放推荐的阶梯机制是什么样的呢？大家可以先看这张图（图2-1）了解一下。在视频发布初期，抖音基本上会推荐给300~500个用户来观看，从用户对数据的不断反馈、点赞、评论、转发等综合数据来判断该视频是要推向更大的流量池，还是中断推送。

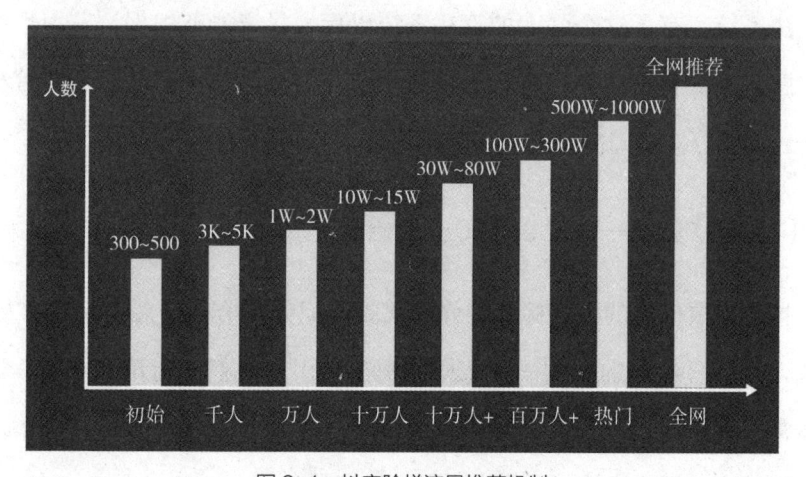

图2-1 抖音阶梯流量推荐机制

这里需要注意的点是：有很多餐厅老板在做抖音运营的时候，有一个想不明白的地方：抖音官方说得很明确，不管有没有粉丝，视频发出来都会有300~500个初始播放量，那为什么我的播放量只有几十甚至不到100个呢？是不是系统根本没有给我推荐300~500个人呢？

其实并不是这样。抖音官方其实已经给出了非常明确的回复，一个新账号在视频发布以后，首先会把你的视频给到300~500个人看，但这300~500人中，只有一小部分人会在你的视频上停留足够的时间，而能够停留足够长时间的这一部分的播放，才是你在后台看到的真正的播放量，我们把它叫作——有效播放量。实际上那些直接滑走的用户是不会被计算为你的播放数据的。

如果我们想让一条视频爆火，一级流量池给你这300~500个播放量是最关键的，只有突破一级流量池，才会有机会进入后面的二级，三级甚至更高的流量池。

2.1.2 抖音系统三大智能算法

抖音系统之所以能够进行精准的匹配和推荐，是因为它有着非常强大的算法系统。有了这个强大的算法系统以后，抖音能够根据浏览习惯推送用户感兴趣的各种内容。抖音的算法系统主要分为三大算法机制：首次分发——智能分发；二次分发——数据加权；三次分发——叠加推荐。

（1）首次分发——300~500人初始流量阶段

抖音会根据你的内容标签将你的视频匹配分发给有该兴趣标签的人群，这些人是否喜欢你的视频，什么样的视频会引发他们的讨论和点赞，这些都非常关键。所以我们在视频第一帧的设计就得快速吸引人的注意力。只有突破了这一级的流量，才能进入下一级流量池。

（2）二次分发——1000~5000人进阶流量阶段

抖音视频的核心机制是赛马机制。赛马机制的四大核心是完播率、点赞率、评论率和转发率。如果四个数据表现都不错的话，就会被抖音推荐进入二级流量池。经过我们的测试，大致的标准是3.5%以上的播赞比和0.35%以上的播评比，以及30%~40%的5s完播率，平台将会进行下一级推荐。举个例子，当你发完一个视频以后，如果有1000的浏览量，有35个赞，有3条评论，有30个人看完了前5s的视频。你的这个视频大概率会进入下一轮的推荐，从而进入1000~5000人的流量池。

（3）三次分发——叠加推荐阶段

如果你二次分发的数据表现比较好，抖音就会开始指数级叠加分发，也会进入播放增长的快车道。这个时候评论、转发、点赞都会不停地往上涨，直到你的视频播放量突破100万的关卡。

这里我们需要注意，在你的视频播放量没有突破100万时，你的标签还是比较重要的，但是一旦你突破了100万的播放量，标签就不那么重要了，平台基本上会进行全网推荐。能进入叠加推荐的视频都是经过抖音层层筛选的，如果一条视频内容不是特别有爆点，没有经过专业的运营，没有对抖音规则研究非常透彻的话，光靠碰运气是很难达到100万播放量的。

2.1.3 智能推荐算法常见问题

我们在发布视频的时候经常会遇到播放量很低的情况，这时候很多人就会想：是不是视频内容本身有问题，是不是账号权重有问题？其实如果是新号的话，只要播放量不是0，账号就没有太大的问题。

（1）为什么你的号播放量低

在餐厅起号初期，你发的第一条视频，系统当然不知道把它推给谁看，这个时候系统就只能给你做一些随机推荐。前十条视频，在没有投放抖加的情况下，播放量低是很正常的。作为新号，你才刚发了几条视频，系统判断得不会那么精准，当然只能随机做推送。所以说在账号运营初期，如果没有给账号打标签，内容的播放量普遍都比较低。

这个时候作为运营者应该怎么办呢？唯一的办法就是继续保持垂直内容更新。比如你是做小吃的，就连续拍10个产品的视频，建议时长不要超过15秒。在这种垂直内容的前提下，坚持发布高质量的视频，系统就会给你打上精准的标签，下次推送的时候你的视频就能被推荐给更多的人看，播放量也会慢慢变高。

（2）为什么视频播放量会停滞

不管你抖音发布过多火爆的视频，在运营过程中都会遇到播放量暂停不涨的情况。因为抖音判断你的账号热度已经停了，不管多火爆的视频都不会给你推流了。

笔者曾经投放抖加300元，投出一个近200万播放的爆款视频。后面虽然一直继续投放抖加，但是播放量再也不涨了。这就代表这个视频的推荐已经到极限了，你的视频跑不赢同个赛道的其他视频，抖音就不会把你推到一个更大的流量池。所以遇到这种问题不用太纠结，也不用继续投放抖加浪费钱，继续更新其他视频即可。

2.2 抖音系统审核机制

抖音作为互联网最火爆的 APP 之一，实际上其审核机制是非常严格的。毕竟一条视频能引起上千万人的讨论及跟评，作为平台方必须要对内容负责，对广大网友负责。所以任何一条视频必须在法律的监管下才能传播。

2.2.1 视频双重审核机制

抖音审核机制主要过程为双重审核，即机器审核和人工审核，通过双重审核确保内容符合国家法律规定的标准且积极向上。

（1）机器审核

机器审核主要通过抽取关键帧的形式来判定内容是否触发违规内容拦截库。如果视频内容与内容拦截库相似时，视频将会自动被拦截，内容拦截库主要包含以下三点：

① 视频是否涉嫌搬运

如果你发布的视频跟别人的作品重复或相似，抖音就会进行低流量推荐甚至不推荐，这样做也是为了更好地保护原创，所以那些下载了别人的热门视频又重新发布的基本上不会给流量。

② 视频关键帧是否重营销内容

如果视频很明显是在发广告搞营销，视频中加上各种促销字幕，抖音会直接把视频拦截，就算是发布成功了，也不会给流量。

③ 视频是否涉及政治等敏感话题

这一条需要切记。如果视频内容涉及黄赌毒、广告违禁词、广告法规定禁词，违反了相关法律法规，或者包含政治不正确的东西，全部都会被拦截。

（2）人工审核

人工审核主要用于机器不能判断准确的视频。人工审核主要分为三块：视频标题、封面截图、视频关键帧。因为涉及人工审核，所以审核的标准没有办法100%统一，每个审核员的标准可能会有细微差别，所我们经常会看到相同的内容用不同的账号发，有的能发布，有的不能发布。

> **小贴士**
>
> 抖音视频发布的内容最好不要触及抖音的内容红线。抖音审核都是抽取视频中画面、关键字与大数据库进行比对，识别准确度高达99.5%。所以千万不要有侥幸心理，踏踏实实做内容，不打擦边球才能让自己的账号一直处于健康状态。

2.2.2 抖音视频发布审核流程

抖音视频有一整套完善的审核机制和流程（图2-2）。

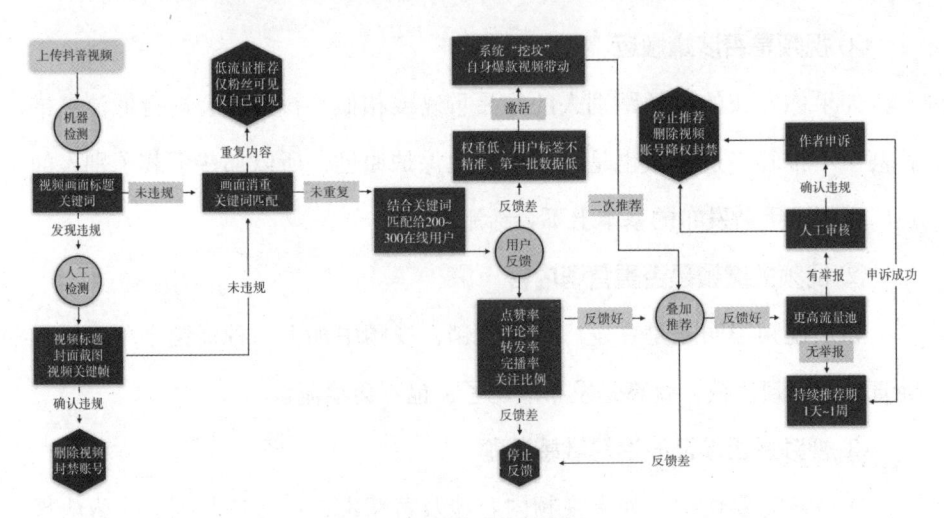

图2-2 抖音视频审核流程

2.2.3 如何加快抖音审核进度

在了解抖音视频的审核机制以后，我们在做抖音运营的时候可以根据审核机制适当调整内容，避免出现审核不通过的情况。

（1）减少画面复杂度

画面的内容不要弄得太杂太乱，如果内容很多，审核时间就会比较久。

（2）尽量减少文字描述

抖音在审核时一是要审核画面内容是否合规，二是审核文字有没有违规，文字越多审核时间越长，所以我们在搭配字幕的时候尽量精练一些，突出重点。

（3）视频时长不要太长

你的视频越长，审核时间就越长。所以我们发布的视频不要太长，尽量控制在1分钟以内，这样既能保证完播率，又能减少系统审核的时间。

（4）视频尽量不涉及政治

视频千万不要为了蹭流量、打擦边球等发布一些其他敏感的话题，这样的视频基本上不会被通过，严重的甚至有被封号的风险。

2.3 解析抖音视频四大核心要素

一条抖音视频能否爆火，能否进入更大的流量池，主要是看完播率、评论率、转发率、点赞率这四个最关键的因素。其中，完播率的权重最高

（图2-3），想要提升这四率，其实存在一些专业的技巧和方法。

完播率 > 评论率 > 转发率 > 点击率

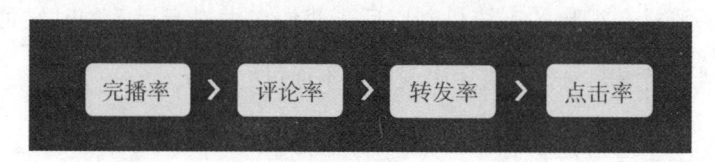

图2-3　四大权重排序

2.3.1　提升完播率技巧

（1）视频控制在5~15秒

根据抖音平台数据统计，30秒以内的视频完播率占比是最高的。这也是为什么一直鼓励大家要做15秒以内的视频。除非你的内容做得非常好，让人有看下去的欲望，否则一旦完播率低，视频播放量大概率不会超过1000。

（2）引导用户看到最后

引导用户看到最后也是一种提升完播率的技巧。如果引导用户看到最后，用户觉得内容不错，还能增加视频的点赞量和评论量。想要引导用户看完视频，主要有两个方法。

① 释放价值，让用户学到东西

在搭配视频字幕时，可以写类似这样的文案："掌握这个方法，出凉面只需一分钟。"分享四个小技巧，出餐可以快5倍。""这样做的辣椒炒肉，绝对超下饭！"对于这种有价值的文案信息，真正有兴趣的用户自然有看下去的欲望。

② 激发好奇心，让用户接着往下看

在视频发布的时候可以搭配这样的文案："看到第5秒的时候，实在忍不住了！""餐厅开业必须谨记 5 条，倒数第二条最重要。""厨师真的生气了，最后 10 秒有猛料。"按照这样的思路写文案，很多人就会好奇你之后会讲什么，然后坚持看完你的视频。

2.3.2 提升评论率技巧

通过提升评论的热度也可以促进视频进入更大的流量池。现在很多用户喜欢看视频的评论，看到有意思的评论还喜欢跟评，有的时候一些话题还能在评论区引发不小的争议。如何通过一定的技巧提升评论的热度呢？

（1）了解用户评论的原因

人的感觉是很奇妙的，如果你的视频平淡无奇，基本无法引发大家的评论。只有引发用户联想点，引发情绪波动，用户才会留下评论。从用户心理的角度来看，抖音用户之所以评论主要是满足了以下 3 种感受。

① **爽感**

你发的视频用户看了很爽，觉得你的视频很牛（图 2-4），表达的观点太出人意料。

② **好感**

你发布的视频，无论是展示了某方面的才艺还是阐述一些观点，引发了用户的共鸣，用户就对你产生了好感。

③ **共鸣**

视频内容可以尝试在情感上引发了大家的共鸣。比如 2、3 月是餐饮行业的淡季，很多餐厅到了 2、3 月生意直线下降（图 2-5）。如果我们抓住这个点，发布相关内容，就会引起用户的共鸣，从而引起评论区大范围的讨论。

图 2-4　视频让人很爽
（来源于抖音"张琦商业思维"号）

图 2-5　视频引发大家的共鸣
（来源于抖音"贺治锟"号）

（2）提升评论量的几种方法

① **问句形式评论，引发用户跟帖**

使用问句型文案，比如以下几种句型："这样炒的辣椒炒肉，你们觉得好吃吗？""最喜欢哪种长沙小吃，评论区告诉我。"这种问答式的文案能让不同地域的人在底下跟帖。

② 放置槽点，引发用户积极评论

一些地域类的话题很能引发人们的争论。比如：听说湖南人比四川人更能吃辣？八大菜系，湘菜排第一，你服吗？这种话题就能引起网友的争议。一旦有用户评论，我们后台就可以积极地回复，一方面可以增加系统的推荐，另一方面也可以激发其他用户的评论欲望。

③ 发动身边人评论

在我们发布了一条视频后，可以发动身边亲戚、朋友都来积极评论，这样可以在视频发布初期积累一些基础评论，从而获得初始的热度。

2.3.3 提升转发率技巧

在抖音视频的四个核心要素中，难度最大的是提升转发率。点赞、评论都是用户觉得视频内容优质才进行的动作，而转发则不仅要自己认可，还要主动转发给亲人和朋友。在这种情况下，需要你的视频内容真正有干货，或者说确实引发了用户的强烈共鸣，用户才会有转发这个动作。

（1）用户转发视频的原因

从行为心理来看，用户转发视频主要是由于以下原因：

① 人人都爱聊八卦

从数据来看，女性比男性更爱分享。特别是一些八卦的视频转发率非常高。

② 提升社交谈资

转发在某种程度上也是一种社交的谈资，代表着你对的这个视频内容的认可，也希望得到被分享人的认可，从而提升自己的社交谈资。

③ 关系共鸣

抖音除好友之间转发外，家人之间的转发情况也是非常常见的。比如一些亲子关系、父子关系、夫妻关系等，比如"老公学会这道菜，你会更爱他！"类似的主题，妻子会第一时间转发给老公。

④ 代表了某种观点

某个视频引起了大家的共鸣，代言了某一类群体想说的话，比如"老板赚钱都是替房东打工"等类型的话题，代表了很大一部分群体的观点。

（2）提升转发率的技巧

提升视频转发率主要从以下两个方面着手：

① 潜在引导

提升视频质量，输出一些真正有用的干货，讲得越深入越好。用户看完以后会自动转发给身边的朋友看。

② 明面引导

警告引导：赶紧下载收藏，要不然就下架了。

利他引导：快转给你身边做餐饮的朋友们，让他们少走一些弯路！

场景引导：赶紧收藏转发，让你的朋友过来一起学学。

2.3.4 提升点赞率技巧

用户为什么要点赞你的视频？肯定是因为你释放了某些方面的价值，让客户觉得看了你的视频以后，有给你点赞的冲动。不管是情绪价值还是实用价值，如果想要用户点赞就必须让用户感觉到"爽"。

（1）输出价值

想让用户给你的视频点赞，就必须向用户释放价值。所谓的价值主要体现在以下三个方面：

① **输出娱乐价值**

你的视频让用户笑了。

② **输出实用价值**

你的视频让用户学到东西了。

③ **输出情绪价值**

你的视频刺激了用户的情绪，带动了用户的喜怒哀乐。

（2）视频引导

点赞分为主动点赞和被动点赞，除了视频内容优质能引起用户的主动点赞外，我们还可以设置一些技巧引导用户被动点赞。

辛苦求赞："开业一个月没有休息，给努力的我点个赞吧。"

利益求赞："双击点个赞，今天晚上到我店里来，我请你吃烧烤。"

建议点赞："这条视频很干，建议你们先点赞收藏再往下看。"

如果你的视频不能激发用户的情绪，用户凭什么点赞评论呢？所以我们在抖音发布的每一条视频都不能随意，不能随手拍，也不能只是简简单单地记录生活。还是那句话：抖音源于生活，高于生活。视频想要点赞、评论、转发、收藏几个核心数据都表现不错的话，就必须充分调动起用户的喜怒哀乐。

2.3.5 提升收藏率技巧

收藏率也是抖音视频能上热门的四大指标之一。与点赞和评论不同，用户收藏的实用性动机会更大一些。也就是说，用户能够收藏，肯定是因为你的视频有用，这次用户不看，留着下一次再看或者是看完后期还想看。

（1）用户收藏视频的原因

从行为上来讲，用户收藏视频主要是由于以下原因：

① 这次没时间看，下次再看

这种一般是针对时长比较长的视频（图2-6），用户当下观看时间有限，但是对内容非常认可，觉得下次可以抽时间看完，所以才会点收藏。

图2-6 时长较长的做菜视频

② 这次看完，下次还想看

用户看完视频以后，觉得非常有用，内容很精彩，看完一次不过瘾，下次如果有机会还想再看一遍。

③ 想发给朋友看

自己看完以后觉得内容非常实用，所以想立刻收藏起来，分享给身边的亲人和朋友看。

（2）提升视频收藏的技巧

① 释放内容价值

在餐饮这个赛道，我们可以发现菜品教学类的视频收藏率是最高的（图2-7）。因为很多人都是先收藏等后期做菜的时候再拿出来看。主要原因

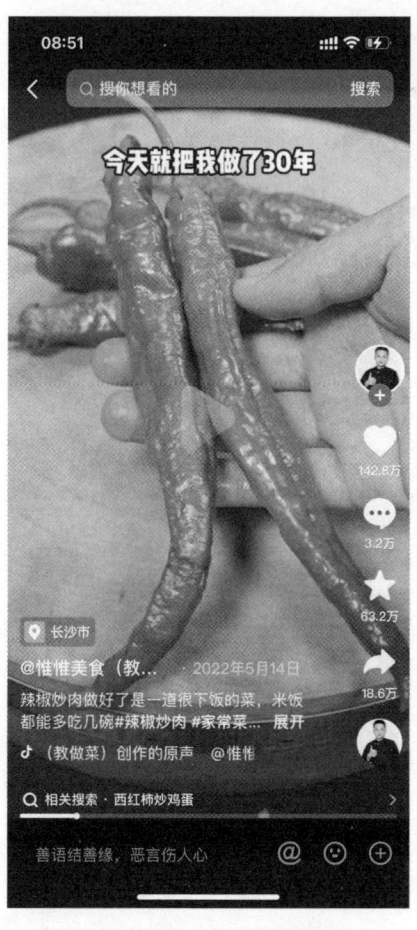

图2-7 菜品教学类视频收藏率很高

是做菜视频本身是一个大的流量池，还有一个原因是做菜是刚需，且做菜视频能真正解决用户的痛点。如果我们想要提升视频收藏率，一定要通过视频释放价值。无论是能够教授菜品学习的技巧，还是调动了用户的情绪，总之，让用户看了你的视频后觉得有用。

② **开头引导**

在视频开头的时候引导用户收藏也是提升收藏率的一种方法。比如很多抖音号在视频开头的时候这样做引导："这条视频大家一定记得收藏，因为对你真的很有用。"通过这种开头引导的形式，可以大大提升视频的收藏率。

本章抖音行动清单：

1. 注册账号，先发布 10 条抖音短视频。

2. 分别发布 3 条 5 秒、15 秒、40 秒的视频，对比每条视频的播放量。

3. 根据本章描述设置槽点，看能否激发用户的评论。

4. 总结一下用户点赞、收藏你的视频的主要原因。

第3章
避坑指南，企业号运营必备知识点

在抖音运营的过程中，大家会存在各种各样的疑问。比如，抖音要不要加蓝 V 认证，视频号要不要运营等。抖音蓝 V 认证需支付 600 元/年的费用，很多人觉得这个钱没必要花。另外有一些人觉得加蓝 V 认证以后，抖音就会有流量扶持。如何更好地运营一个餐厅的企业号呢？本节将分享企业号运营的一些技巧。

3.1 餐饮抖音号要不要加蓝 V

很多抖音运营小白心中都有一个疑虑,抖音要不要加蓝 V。有人认为,蓝 V 认证是一种身份的象征,也是一种信任。也有些人认为,账号加上蓝 V 后播放量和点赞量都没涨,加了也没什么用。其实很多加了蓝 V 的餐厅抖音号并没有挖掘蓝 V 的真正价值,在交了 600 元 / 年的费用以后,后台的功能也没有完全用起来。其实,抖音号加蓝 V 认证后有以下十大好处。

(1)彰显品牌身份

抖音认证蓝 V 后就会在账号上显示蓝 V 标识和认证信息,认证后别人就不能再认证你的名字。用户在看到蓝 V 认证后,对账号品牌信赖度会比较强,这样也能彰显品牌的身份。

(2)加强运营辅助

抖音蓝 V 可以打造官方矩阵,用子、母账号来进行后台的授权打通操作,可以通过一个账号来控制操作多个账号,从而实现所有数据联通。

(3)避免山寨干扰

抖音为了保护企业的权益,通过企业认证的名字他人不可再用。在搜索列表中可以看到加蓝 V 的只有一个(图 3-1),这样给人的感觉是品牌或者商标唯一性，通过抖音蓝 V 认证，可以避免品牌被其他山寨品牌抄袭。

图 3-1 蓝 V 认证后名字的唯一性

（4）搜索昵称置顶

我们可以通过观察发现，现在身边很多用户想要搜索某个内容基本上都不用百度而改用抖音。很多人通过抖音搜索得到自己想要的东西，而且

第 3 章 避坑指南，企业号运营必备知识点

这种搜索的目的性非常强，基本上只要内容好，有 80% 的可能性会得到关注。在用户搜索时，带昵称的蓝 V 企业号会优先显示。所以，通过认证抖音号，抖音运营可更直接地获取流量（图 3-2）。

图 3-2 通过抖音搜索，蓝 V 账号会排在前面

(5) 不被营销评级打压

抖音蓝 V 在发布内容的时候不会受到广告营销的评级打压，认证抖音后，还可以把企业身份同步认证到头条上。

(6) 主页可留营销信息

如果是餐饮商家想给门店引流，想建立自己的品牌，在加了蓝 V 以后首页多了地址、电话、微页面三个按钮，如果有客户想订餐，可直接联系首页的电话号码。同时，蓝 V 能够让用户产生品牌信赖感。

(7) 可进入抖音管理后台

加了蓝 V 以后，商户可以拥有自己独立的企业后台，进入后台可以把所有与账号相关、@门店抖音的内容有选择性置顶。这时候，商家可以挑一些比较好的、点赞量比较高的视频置顶。

(8) 可上线团购和优惠券

加了蓝 V 认证以后，账号除可以设置自动回复以外，还可以申请上线团购活动。

(9) 门店主页装修

账号在经过蓝 V 认证以后，运营者可以进入抖音来客的后台，对自己的主页进行装修。更美观的抖音主页能够提高用户对品牌的信赖感。

(10) 认领门店地址

餐厅抖音账号在认证以后可通过后台认领门店地址，让顾客能更好地获得定位地址。

3.2 抖音与视频号的区别

从目前市场情况来看，短视频赛道有两个重要的选手，一个是抖音，另一个是视频号。其实除了抖音，视频号目前也在逐渐崛起，我们可以看到很多线上演唱会、发布会都选择在微信视频号上进行直播。

3.2.1 抖音特点分析

和视频号对比，抖音有很多优势。比如：去中心化、能投流，而且有单独的一个APP做承载，不像视频号，目前只是作为微信的一个附属。相对视频号，抖音主要有五个特点。

（1）用户基数大，流量池大

抖音不仅仅有接近8.5亿DAU(日活用户)，其内容也非常庞大。基数大就代表着有流量，有流量就能更好地变现。所以随着抖音直播的发展，抖音电商也开始迅速崛起。

（2）推荐本质：去中心化，每条视频会给300~500自然流量

抖音的优势在于完全去中心化。以往的社交软件往往是由大一级的媒体做内容分发，流量相对集中在头部大号。但是抖音的流量推荐机制完全是去中心化，就算你是一无名小卒，也可能会因为一个爆火的视频上头条。

(3) 可人工干预热点走向

抖音可以通过投抖加付费的方式人工干预热点的走向。如果你的视频本身质量不错，通过适当的抖加投放，可以帮助视频进入更大的流量池。

(4) 抖音变现体系相对更成熟

目前无论是抖音视频本身的变现模式，还是直播变现模式都相对成熟。

(5) 抖音无法在微信做流量分发

在短视频这条赛道上，抖音和微信是两个强大的头部选手。所以在流量互通方面，两者都设置了比较高的门槛。抖音视频如果在分享到微信是非常不便捷的，所以抖音视频很难通过微信的传播获得流量。

3.2.2 微信视频号特点分析

和抖音不一样，微信视频号完全基于微信生态圈的流量加持。相比抖音，视频号的内容和生态圈比较封闭，但是因为背靠腾讯这棵大树，其流量也不可小觑。相比抖音，微信视频号有以下四个特点：

(1) 基于微信全生态圈的全面流量入口

因为视频号和微信一样都属于腾讯体系，所以各自的很多模块是相互打通的。比如视频号的主页可以挂公众号的链接，视频号的内容也可以直接插入公众号的文章中（图3-3）。

(2) 视频带链审核相对不严格，且可带公众号文章链接

视频号的视频审核与抖音双重审核机制相比，没有那么严格，而且视

第 3 章 避坑指南，企业号运营必备知识点

图 3-3 视频号内容可插入公众号文章中

频在发布时可以带公众号文章的链接。这样微信视频号的视频和微信公众号的图文就可以进行相互引流。

（3）无法人工干预热点走向

视频号目前不像抖音有抖加投放的功能，完全靠自然流量。所以一些企业账号在运营方面也存在一些难度，除非内容特别好，否则账号很难涨粉。

（4）微信视频号更多基于熟人的社交流量

我们发现很多知识博主现在都选择在视频号进行直播，主要原因还是视频号的粉丝圈子相对比较精准。因为视频号的流量基本上都是基于朋友圈熟人推荐机制得到的。这种推荐机制相比抖音可能流量起伏没么大，但是流量和用户相对比较精准。

3.2.3 视频号与抖音的区别

视频号和抖音不管是用户属性还是运营逻辑都有很大的不同。视频号看似是在抢占短视频市场，实则是对微信整个生态链的一个补充，只在微信自己的产品体系里进行升级。抖音和视频号在产品功能、产品设计、推荐机制、用户属性等各方面都存在很大的差异。

（1）产品定位：真实生活和美好生活的差异

抖音的 slogan（宣传语）是记录美好生活，视频号的 slogan（宣传语）是记录真实生活。从字面意思来看，抖音的目的是想让用户把生活中的美好片段分享出来，视频号则希望用户记录真实生活。从这个对比来看，抖音更偏向于更加精细化、深加工的内容，视频号的内容则更偏向生活化。从产品定位来看，抖音更偏向于视频创作，用视频、创意的形式发布内容。视频号则更倾向于生活沉淀，用图片或者视频的形式记录自己的生活，更偏向于随手拍。

(2)产品调性：抖音是小吧，视频号是小巷

通过体验产品，我们发现抖音和视频号给人的感觉完全不同。抖音更像个小吧，热热闹闹，什么人都有，什么故事都能发生。视频号更像是街头的一条巷子，人间百态、喜怒哀乐、一应俱全。

从产品运营的角度来看，目前视频号只制定了一些基本规则，就像一条巷子，随便你怎么逛，只要不做出大的破坏就基本上没什么问题。抖音则不一样，官方的运营属性非常强，经常组织全民参与一些话题和挑战，就像是小吧里的暖场活动，各种氛围都会被引到官方更希望的调性上。所以我们经常看到的热点几乎第一时间是在抖音发布的。

(3)产品设计：停下来和停不下来

如果把微信比作一个超市，视频号相当于增加了某个品类，你需要什么就买什么，买完就走。而抖音更像是游戏厅，希望你"停不下来"。从产品设计来看，抖音强调的是一种沉浸感，是非常典型的一款消耗时间的产品。它的核心设计理念就是留住用户，用户看得越久，它商业变现的机会越多。

反观视频号，却秉持了微信一贯的简洁风格，没有设置任何运营机制来做用户"留存"。微信视频号整体的产品设计比较简单，只满足简单的拍摄、加字幕和上传，很明显并没有想让用户"沉迷于此"的意思。这样看来，微信视频号只是提供了一个可以发布和观看短视频的渠道。

(4)推荐机制：机器推荐和社交推荐

抖音以机器推荐为主，视频号以社交推荐为主。这两个区别非常明显，

抖音就像你在超市无意看见一款洗发水，导购就一直给你推荐洗发水，无论你走到哪都会想办法给你推荐这款洗发水。视频号就像你去另一个超市，看见你5个朋友都买了这款洗发水，于是你立刻对这款洗发水产生了兴趣。

机器推荐的好处是，可以把你看过的内容都打上标签，从而形成你的个人喜好标签，基于此为你推荐内容，这样推荐出来的内容更多、更全。但是，这样也会引发一个新的问题：内容同质化严重。微信号的逻辑则完全不一样，每一条视频号推荐过来，经常底下会有标明哪些好友看过这样的信息，这样的逻辑其实就是通过社交推荐。

通过以上抖音和视频号的详细对比，我们可以大致总结出来以下几个结论。

（1）抖音更开放，视频号相对封闭

从两款产品的特性来看，抖音的流量会更开放，视频号的流量则相对封闭。但另一方面，抖音黏性不高需要不断推陈出新。视频号虽封闭，但黏性相对更高，熟人的信赖感更强。

（2）视频号优势基于微信全生态链

视频号之所以能够有这么大的规模，最核心的原因还是背靠微信整个生态链。比如：公众号文章内可插入视频号，视频号内容可转发至朋友圈，视频号可带公众号链接和个人微信号。有了微信整个生态链的加持，视频号未来的发展不可小觑。

（3）抖音核心在于去中心化

抖音相比视频号最大的优势就在于去中心化。每个人都有15秒成名的机会，即便你没几个朋友，只要你有才有料，一样可以一夜涨粉几万。

（4）视频号更依赖熟人

视频号的优势在于，如果你有 5000 个好友，在初期你更容易比普通人获得流量。相对于陌生人，熟人因为本身就有社交关系在，所以更容易进行点赞和评论。

（5）不同需求，选择不同直播平台

目前很多大 IP 都选择在微信视频号做直播，原因是微信直播的粉丝经历微信好友一轮筛选之后，黏性更高，做直播时杂音更少。而抖音直播的粉丝则参差不齐，场控难度比较大，经常容易被黑粉带节奏。

（6）好内容是平台的关键

不管是视频号还是抖音，归根结底，好好输出内容才是最重要的。只要内容优质，懂得平台运营规则，不管在哪个平台，相信都会获得一些精准的粉丝。

3.3 抖音运营注意事项

餐厅除了申请蓝 V 认证外，还有可以申请企业号认证。餐厅具备营业执照和食品经营许可证即可申请企业号。企业号相比普通账号具有更多的功能。

3.3.1 餐厅抖音运营三大误区

随着抖音用户不断增多，越来越多的餐饮店老板开始通过抖音为自己的

餐厅做宣传。有一些餐厅甚至通过抖音把自己打造成了网红店，为店铺带来源源不断的客流。然而，市面上大多数餐厅的抖音运营存在很多严重问题，这些问题如何不加以重视的话，不仅账号权重会降低，长此以往，账号甚至会彻底作废。目前餐厅抖音运营存在以下三大误区。

（1）内容随意，粗制滥造

很多餐饮店的抖音号发布的作品非常随意，抖音虽然说是记录生活，但是对拍摄和内容还是有一定要求的。如果只是简单用一些菜品图片拼凑成一个短视频，或者随手拍一个菜品视频，既没美感，又没亮点，不仅用户不会喜欢，系统也不会推荐。如果整个账号充斥着这类内容作品，就会影响账号的权重，而账号的权重会直接影响作品的推荐率。这也是为什么很多餐厅账号连1000粉丝都突破不了。

（2）生硬广告，只重宣传

很多餐厅完全将抖音当成了一个营销平台，虽然每天更新视频，但只是简单粗暴地发布店内的促销活动，如将海报与菜单图片拼凑成一个作品，再配上生硬的广告文案。这类作品广告味浓厚，严重影响用户体验，轻者抖音系统不予推荐，重则判为违规，对账号进行降权等处罚。

（3）账号蓝V认证后没有好好利用

很多餐厅花了600元/年的费用对账号进行了蓝V认证，但是并没有好好利用认证后台所具有的功能。比如认证以后，账号不仅可以认领属于自己门店的地址，也可以在地址上挂团购进行售卖。其实认证的账号后台有非常多功能，能够实实在在地帮助门店进行引流。

> **小贴士**
>
> 餐饮店运营抖音号如果不注重内容质量,即便每天更新视频,长期来看,涨粉也不会太明显。尤其对于已经申请企业认证的账号,更要注重内容质量,尽量保证每一条作品都是精心拍摄制作,随着账号权重越来越高,推荐量才会越来越高。

3.3.2 餐厅抖音运营三大关键点

运营一家餐厅的抖音号,最重要的是弄清楚自己的拍摄方向。这一步相当于打地基,它能决定你的视频有没有人看,以及粉丝数量的天花板在哪里。我们都知道,对于一个账号来说,粉丝就代表着流量,它的数量、质量和账号未来的变现能力是紧密相连的。餐厅抖音运营具有以下三大关键点。

(1)想做什么类型的账号

在餐厅最开始做抖音的时候,这一点想得越具体越好。只有目标明确,视频主题明确,才能快速吸引对你账号最感兴趣的那一批核心种子用户。举个例子,你想打造一个餐厅老板的人设。在你构思好了这个方向以后,你所有的方向都要围绕老板这个人设进行打造,所有的视频剪辑都要以老板这个人设为中心。比如:开业时老板的辛苦,成功时老板的喜悦,决策时老板的困惑。我们一直认为餐饮抖音品类号是大有机会的,毕竟中国餐饮从业者超过 3000 万,这也代表餐饮这个行业有足够大的流量池。

(2)你到底想获得哪些粉丝

在确定了抖音的拍摄方向以后,接下来我们就要思考,抖音号是给谁看的?用户是怎样一群人?年龄层情况如何?有什么特征?这其实就是我们常常说的粉丝画像的问题。比如餐厅主要是做加盟，那么账号的定位肯定都是有投资实力的老板，他们年龄偏大，这时候做抖音就要去研究这群人的喜好。如果做抖音的目标是带动门店团购销售，那么抖音的定位肯定就是更多地突出门店特色。确定了定位和核心粉丝群以后，就要从文案风格、封面图、背景音乐类型等各个环节去了解核心粉丝群的需求。知己知彼，百战不殆。抖音运营的核心本质还是用户思维。

（3）为粉丝解决什么需求

你的抖音号到底为你的粉丝人群解决了什么需求？解决的需求越刚性越好。比如有些用户在抖音上就是想学习菜品教程，有些人在抖音上只是为了找到一个好项目做投资，有些人就是因为一些折扣选择购买你家团购，还有一些人就是为了看了你的视频笑一笑。总之，任何一个爆火的视频肯定都解决了用户的某种需求。

本章抖音行动清单：

1. 开通餐厅企业号权限。

2. 同一条视频在抖音发布的时候同步发在视频号上，看看两者的主要区别。

3. 给账号加蓝V，进入抖音来客后台，了解一下抖音来客所有的功能。

4. 思考运营抖音号主要目的和方向。

第4章
精准起号，快速搭建餐厅抖音营销号

对于一家餐厅来说，了解抖音运营的逻辑，熟悉抖音运营的打法是非常重要的。就目前餐饮行业的抖音运营情况来看，竞争是非常激烈的，内容同质化也非常严重。餐厅在做抖音运营时千万不要想着只要自己内容有创意，立意新颖，发的视频一定会有人点赞、评论。殊不知，中国有近8亿的抖音用户，你能想到的其实大多数人都已经尝试过了。

第4章 精准起号，快速搭建餐厅抖音营销号

一条爆款抖音视频不仅要有新奇的创意，恰到好处的剪辑，还要有创意的文案，槽点的设置等一系列系统的工作。所以前期一定要做好策划工作。本章将详细介绍如何快速、精准地搭建一个优秀的餐厅抖音营销账号。

4.1 精准定位，餐厅抖音快速起号

对于一家餐厅来说，搭建抖音账号的第一步，也是最重要的一步，就是找准自己的定位。只有定位清晰、准确，才能在后续视频的发布中做到"有的放矢"。餐厅抖音的定位可以从风格定位和内容定位两个大方向下手：

4.1.1 快速找准定位，选择适合自己的题材

目前市面上有非常多的餐饮抖音题材方向，每个题材方向都有特点，不能说哪个题材一定好或者不好，每种账号类型都有自己的粉丝群体。笔者总结起来主要是有以下九类风格。

（1）剧情类

代表账号：徐记海鲜、真功夫。

（2）教学类

代表账号：孙伟餐饮纸包鱼、老罗冒菜。

（3）个人IP类

代表账号：田七七餐饮。

（4）温情故事类

代表账号：历蜀记、贵厨笔记。

（5）搞笑类

代表账号：外卖你武哥。

（6）教学类

代表账号：西安品诺小吃。

（7）口播类

代表账号：何小敏卤味、福大叔金汤麻辣烫。

（8）街头表演类

代表账号：猴哥飞饼、波仔炒粉。

（9）实拍菜品类

代表账号：千里香馄饨。

以上就是笔者根据长时间总结，发现的市面上餐厅的几种主要抖音风格类型。餐厅做抖音，必须要找到适合自己的题材方向，有什么样的能力做什么样的事情。

抖音运营初期，最重要的事情就是提炼自己的品牌特色，如果你是做长沙小吃的，那你的题材方向肯定是介绍更多特色的长沙美食。比如臭豆腐、大香肠、糖油粑粑等大众认知度高的产品。你的文案、封面设计、视频风格都要围绕长沙小吃这个主题。无论是视频环境、产品还是段子都要往长沙小吃上面靠，这样吸引的流量才会比较精准，后期变现才更加水到渠成。

4.1.2 传递实用价值，给到用户真正想要

很多餐厅在做抖音时，基本上属于自嗨，以为视频是发给自己看的。我们看到很多账号用单反相机拍摄了一些高清视频，用很高超的运镜手法把视频剪得像大片一样，结果视频一发布，播放量连1000都没法突破。我们做抖音时一定要站在用户的角度上思考，什么内容才是用户真正关心的？其实很简单，做抖音的核心逻辑就是向用户释放真正的价值，说白了就是对用户有用，只有你的视频对别人有用，别人才会点赞、评论及关注。

如果你想做加盟，那么你的内容主要就是给加盟商看的，那视频的主要选题方向就是：你的这个项目投资回报高，生意很火爆，干了有钱赚。这样，你的视频千万不能太文艺，太高端，因为大部分有投资能力的生意人都是年纪偏大的中年人，他们喜欢的都是比较接地气的东西（图4-1）。

如果想给门店引流，那么内容是给C端消费者看的，视频的目的是引爆用户的购买冲动。因此，视频内容要突出产品、摆盘（图4-2），并运用更有表现力的出镜博主，同时在剪辑上多下功夫，做到美轮美奂。总之，核心目的就是要能让用户看了视频后，会点击左下角地址链接立马下单消费。

▶ 引爆餐饮抖音：吸粉、引流、变现全攻略

图 4-1 视频内容要接地气（来源于抖音"［染小对］卤粉一姐紫薇"号）

图 4-2　给 C 端消费者看的视频要突出产品与摆盘

总的来说，针对不同的用户群体，拍摄视频的风格并不一样。确定风格的方法很简单：以你的用户为中心，了解他们的需求，迎合他们的需求。

4.1.3　挖掘用户情感，带动用户情绪

抖音运营的过程，实际上是一个深度揣摩人性的过程。我们必须调动起用户的情绪，才能引发用户的点赞和评论。对于用户来说，目前激发用

户情感的主要方式有八类：愤怒、怀旧、愧疚、暖心、爱国、羡慕、自信、地域。比如地域这个板块就很容易引发人们讨论。我们经常看到湖南人和四川人互争谁更能吃辣，中国八大菜系谁排名第一等，越是能引发用户情绪的视频，越能获得更多的争议和流量，越是不痛不痒的视频越无人问津（图4-3）。

图4-3　地域性的文案能引起人的共鸣

4.2 模仿创新，对标餐饮优秀账号

餐厅在确定了自己的拍摄风格以后，下一步就是模仿对标账号、学先进。很多餐厅老板说，现在要构思一个剧本真的太难了，脑袋里没有很好的创意，实在拍不出有新意的视频。克里斯坦森在《创新者的窘境》这本书中提到：随着知识大爆炸时代的来临，现在纯原创的创新已经非常难了，目前最流行的创新就是在模仿学习中创新。

目前市面上有非常多优秀的餐饮账号，我们只要愿意花时间，找到对标账号，模仿学习，就一定会有所收获，根本没有必要花太多精力绞尽脑汁地想一些天马行空的创意。

4.2.1 对标优秀账号，快速找到自己的风格

餐厅在运营抖音账号的时候，其实不需要花太多的时间在创新上。如果实在找不到推广的主题和方向，可以先考虑学习一下别人的账号是怎么运营的，在别人成功的基础上做模仿和创新。

（1）快速定位，找到同品类的优秀账号

打开抖音，点击放大镜，搜索你所在的品类，点击用户，再点击最右边漏斗，找到粉丝比你高一个量级的排名前20位的账号，每一个账号都看一遍，看看有哪些地方值得学习（图4-4）。如果你是一个刚注册的新号，只有几十个粉丝，做小吃品类的，就那在1万~10万粉丝的区间找小吃品类的账号，搜索排名前20的账号。

新号起号不建议对标几十万甚至上百万的账号，因为这些账号成功的原因有很多，不是你能在短时间内能学会的，有运气的原因，有专业团队运营的原因，你短时间内很难达到那样的高度。做抖音没法一步登天，只

引爆餐饮抖音：吸粉、引流、变现全攻略

能一步一步来。很多人做了一个月也没什么粉丝关注，没什么成绩，就直接放弃了，这是很可惜的。

图 4-4 新号对标排名前 20 的账号

（2）找到对标账号，研究拍摄手法

找到至少 3 个对标账号以后，分析每个账号最近 50 个视频，重点分析几个爆款，分析该视频成为爆款的原因，是因为文案、画面，还是运镜。同时，看一看该账号第一个视频是什么时候发布的，这样可以判断这个账号运营了多久，当然这里不考虑运营者隐藏视频的因素。

笔者之前运营一个湘菜账号的时候，找到一个对标的账号，把对方270多个视频全部看了2遍以上，后面脑海中就多了很多场景、很多文案，自己拍的时候创意和灵感几乎没断过。后面基本上80%模仿对标别人，大概40天时间把一个账号做到了5万粉丝。每一个高手都是从模仿开始的。

（3）找到适合风格，先模仿再超越

找到对标账号的爆款视频后，有一个最简单的办法，就是直接套用同款背景音乐，模仿拍同类风格的视频，视频时长前期不建议超过15秒。别人能成为爆款，肯定有成为爆款的原因，我们只需要模仿着拍，就能站在别人成功的起点上，不要每天都想着100%创新，这样就会相对简单一点。

当然，找对标账号的时候最好多找几个，因为如果只找一个对标账号的话，风格太固定了，而且每个账号的爆款也有限，不可能条条都是爆款，所以容易受局限。笔者在操盘抖音账号的时候在每个阶段都会找3个对标账号学习，这样来回切换，基本上素材和创意不会断。

4.2.2 分析最近爆款，模仿比创新更重要

餐厅刚开始做抖音运营的时候，一定有过这种疑问：为什么别人随便拍个东西就能火，又没什么技术含量，为什么我的视频拍得这么好，播放量连500都没有？一款爆款视频背后的原因绝对不像想象的那么简单，除了运气外，更多是由于创作者在选题、制作、前期量的积累等各方面的原因。如果你也想做出爆款，就需要在以下四个方面做出努力。

（1）优化抖音选题

在研究了众多餐饮行业的抖音选题以后，笔者发现餐厅抖音拍摄的选题风格大概有以下几种。

拍店面环境——拍摄一些店面环境的视频，像韩式烤肉店、特色湘菜馆等一些装修有特色的餐饮店光拍环境，播放量就会比普通的高。因为环境有特色、有亮点，用户就喜欢看一些不一样的东西，不喜欢千篇一律的风格。

拍门店排队——拍摄一些门店生意很好的画面，最好是有一些排队的场景，彰显门店生意特别好。

拍员工日常——拍摄员工上班、打烊、服务等一些比较敬业、辛苦的场景，这种视频也经常会出一些爆款，因为中国的餐饮从业者有近3000万，拍一些日常接地气的段子很容易引起大家的共鸣。

拍厨师做菜——拍摄厨师做菜、切配、洗菜时的一些场景，这种场景非常真实，能让大家跟平时的家庭生活联系在一起，让人觉得非常亲切。

拍职场段子——门店经常会遇到招聘、面试、管理等一些细节问题，拍一些职场的段子也能引发大家的讨论。

拍员工餐——员工餐其实是一个很大的话题，很多公司没有员工餐甚至员工餐很差，拍一些员工餐很丰富的场景能引发大家的羡慕和讨论。

拍开店记录——这个可以老板自己真人出镜拍摄，记录自己选址、装修、开业、产品研发的整个过程，这种选题也很能引起大家的共鸣。

如何找到适合自己的风格呢？其实最重要的是立刻行动，在拍摄过程中可以把上面几个风格全部尝试一下，一般只有在发布了超过30个视频以后，才会慢慢找到一点感觉。所以抖音运营的前期不要想那么多，先发够30个视频再说。

（2）控制视频时长

在刷抖音的过程中，我们发现类似剧本类的抖音风格视频好像更有看点，更容易吸粉，毕竟大家都是为了打发无聊的时间。但是剧情类的账号有个很大的缺点：时间比较长，一个普通剧本时长基本都在1分钟左右，如果你的视频不是内容特别出色的话，完播率就会非常低。而且拍剧情时无论是人员调配、前期准备，还是后期剪辑都非常耗精力。个人建议如果是起一个新号的话，播放时长一定不要超过15秒，千万不要想着一个视频把所有想法都表达清楚，毕竟大家都不是专业的导演。

（3）选择发布时间

抖音的发布时间也是一个比较关键的点，针对不同的内容，我们需要选择不同的发布时间。如果你发布菜品的视频，就建议在饭点11：00、17：00前发，刚好是用户肚子空空的时候，这时如果发一个美食的视频就很容易获得用户的点赞和关注。如果发一些励志类、情感类、生活类的视频，建议在19：00以后发布，晚上刷抖音的人都是因为上完一天班很累，很想通过看抖音视频放松一下，情感类型的视频刚好能满足他们的需求。

（4）妙蹭抖音热点

根据抖音平台的逻辑，大概一个月会有一个大热点，一个星期左右会有一个小热点。蹭热点也是视频上热门一个非常好的路径。但不是所有的热点都要蹭，而且不要强行蹭热点，要不然做出来的东西不伦不类，用户一看就知道你是半桶水。最好的状态当然是蹭得有水平，蹭得自然，这样才能获得用户的点赞和评论，当然是蹭能跟自己品牌相关的热点。根据经验,对于餐厅来说比较好蹭的热点类型有舞蹈类、梗类、励志类、电影剧情类等。

4.2.3 适当控制预算,合理准备拍摄设备

很多餐厅老板一开始就想着用单反等高品质相机进行拍摄,根据笔者的经验,这是完全没有必要的。因为一个好的单反相机动辄需要上万元,而且有很多餐厅老板不会用单反,同时从单反上把视频导入手机或者电脑会很不方便。如何用更高的性价比来给门店添置一些拍抖音必备的设备呢?

（1）一台手机

根据笔者拍摄的经验来看,没有必要用单反拍摄。第一,价格贵,第二,手持单反在厨房拍摄很不方便,而且厨房油烟多,单反很容易坏。一台配置好的手机绝对够用了。最关键的是拿着方便,随时随地都能拍,随时随地能剪辑。

（2）一个手持补光灯

有些餐饮品牌厨房里的灯不够亮,所以拍不出美食的质感,如果在后厨拍菜品近景的话一定要带一个手持补光灯,最好是那种白光暖光双色可调的补光灯,这样拍出来的菜品更亮,更有食欲。注意:如果拍美食一定要拉近景拍,菜品越近越清晰越好（图4-5）。

（3）可伸缩落地三角架

使用手机拍摄的时候,由于自身运动,仅仅靠双手很难保持视频画面的稳定性。这个时候我们需要借助工具来获得更好的拍摄效果。特别是要

拍摄一些延时或者慢镜头时，会需要拍一些固定机位的画面，这时候在门店就必须放置一个可伸缩的三角支架用来固定手机，建议最高伸缩到1.5到1.8米。这样拍出来的素材不会抖动，剪出来的视频画面比较稳，用户看起来会比较舒服。

图 4-5 拍摄菜品时多拍摄近景

（4）一个收音麦克风

如果要拍摄口播类型的视频，就必须准备一个收音麦克风。如果你是想在门店拍摄人流生意好的场景，没有佩戴收音设备的话，口播的人声会非常小。特别是很多本身口才比较好的老板喜欢做口播，就一定要准备一个收音麦克风。网上商城有很多麦克风品牌，购买一个 3~500 元的设备就够用了。

根据经验，前期餐厅拍摄抖音起号，只需准备以上 4 个设备就可以了，预计总成本不会超过 6000 元，成本低、投入少。一个餐饮店赚钱也不容易，前期预算没那么多的情况，一切都在摸索阶段，没必要铺张浪费。等通过抖音赚取了一些收入，再升级更好的设备。

4.3 注重装修，提升餐饮主页吸粉率

目前餐饮的抖音账号多如牛毛，如果你的账号想要脱颖而出，就必须打造出自己的差异化，创造独属于自己的标签，让粉丝记住你。同时，也要突出你的卖点，你的产品呈现，你的视频风格，你的主要出境人到底有什么不一样，让别人能够记住你，关注你并成为你的粉丝。

试想一下，用户在刷抖音的时候基本使用的都是碎片化时间，当他停下来浏览一个页面的时候基本上只有不到 1 秒的决策时间，所以如何在开头 1 秒快速吸引用户的注意力，才是最重要的。快速吸睛，打造独特卖点有以下三个方法：

4.3.1 标题快速吸睛，抓住用户眼球

目前，抖音中餐饮相关账号数以万计，要想抖音给你推流，就必须尽快给自己的账号设定一个标签，在这个过程中需要搭配三个关键动作。

（1）视频不停更，保持活跃度

每天至少更新一条视频，而且至少保持 2 个月时间，中间不要断更。这样抖音给你账号的权重才会慢慢变高，认定你是个活跃的账号。千万不要觉得数据不好就放弃，坚持才是抖音最大的门槛。

（2）播放量 2000 以上，马上投放抖加

很多人在抖音运营上舍不得花钱，以为只要自己视频够好，就一定会有更多人看到。这个逻辑要是放在 1 年前是没有问题的。但抖音也是要赚钱的，你要给抖音花钱，它才会给你更多的流量。只不过，在开始几次抖加投放的时候要注意选择达人相似投放（图 4-6），前期至少要累积投入 500 元以上，这样你的标签才能慢慢形成。

图 4-6 抖加投放界面

（3）多关注同类账号，快速模仿爆款

在抖音运营前期，有一个工作必须要做，就是需要关注大量的餐饮账号。大批量关注餐饮类型抖音号以后会有两个比较大的好处。第一，抖音会慢慢给你打上餐饮行业抖音号的标签，认定你是个行业账号。第二，抖音会持续给你推荐各种餐饮抖音的账号和视频，偶尔会给你推荐几条餐饮的爆款视频，通过不断接触这种爆款视频，你一定能学到非常多东西，你只要模仿这些热门拍，一般都会获得不错的流量。

4.3.2 隐藏槽点设计，引发群体争议

我们在发布视频的时候是不是画质越好，内容越完美，播放量就越高呢？其实并不见得。有的时候，在视频中留下一个可以争议的槽点，更能够引发大家的讨论和争议，这样视频的热度才能持续下去。我们可以去看所有餐饮类抖音爆火的视频，没有一条不是评论区引起广泛争议的，没有一条爆款视频是评论一边倒地说极好或者极坏的。

笔者曾经发布过一个15秒辣椒炒肉的视频，当时3天内获得了近100万的播放。大家在评论区讨论最多的点就是辣椒太多、肉太少，结果评论区引起了很大争议。这个就源于我们当初槽点的设计，我们是特意留了一个这样的梗。可能会有人担心这种争议会对自己的品牌有所损害。其实并不会，每个人心目中的标准不一样，有的时候很多东西并没有对错之分。只需记住一点：有争议，才有热度，这就是抖音平台的特色。

4.3.3 关键爆点打造，不断强化特色

每个品牌、每个产品都一定要有自己独特的卖点和特色，作为一个优秀的抖音运营者，目的就是要深挖门店、产品、环境、人物的特色。比如

笔者之前运营的一个湘菜品牌的抖音，这个品牌的厨师全是女的，于是笔者发的所有视频都是女厨师炒菜，因为这种模式在中国餐饮界并不常见。在发了差不多三十个视频后，就出了一条爆款，这个视频只有 10 秒，但差不多有将近 300 万的播放，一个晚上就涨了 1 万粉丝。如果你的餐厅有这种很有特色、有反差的东西，不妨提炼出来。我相信每个餐饮店、餐饮品牌都有自己独特的东西，这就要看自己怎么包装、怎么挖掘。

4.4　搞定装修，提升餐饮主页吸粉率

对于一家餐饮店的抖音来说，标题和封面相当于我们给客户的第一个印象。好的标题和封面设计，能够在第一时间吸引客户的注意力，从而点开视频进入你的主页关注你。

当然，很多人会忽视商户抖音门面建设这个细节，觉得门面是一件无关紧要的事情。事实上，通过后台数据可以看到，如果你的视频数据不错，至少会有 15% 的人直接点进你的主页，门面的美观度直接决定了用户会不会成为你的粉丝。这节将从四个模块分享如何装修好一个抖音账号的门面。

4.4.1　封面：价值感，"标题党"

抖音封面能够决定用户对你的第一印象，如果封面足够吸引人，还能增加用户打开你主页内其他视频的概率。建议餐厅结合要输出的内容展示特点，稍微对封面图做一点设计。

笔者截取了 2 个餐饮的品牌封面图（图 4-7、图 4-8），大家看一下有没有什么区别。很明显后面的那张封面图感知度会更强，更有说服力一些。封面图没有万能的模板，需要根据不同的餐饮品类选择适合自己的风格。

引爆餐饮抖音：吸粉、引流、变现全攻略

如果你是加盟号，建议背景图放那种很多人签约的场景，建立信赖感。如果你是美食号，建议背景图直接放置一张招牌菜品大图，看上去一定要有食欲。同时，封面图的设计需要注意以下几个关键点：

图 4-7　抖音封面图一（来源于抖音"炸鸡来了"号）

072

第 4 章　精准起号，快速搭建餐厅抖音营销号

图 4-8　抖音封面图二（来源于抖音"卤味供应链"号）

（1）封面尺寸

封面图的常规尺寸比例是 16∶9。

（2）预留封面

用剪映剪辑视频时最前面需留1秒左右做封面。

（3）封面设计

封面图尽量干净，虚化背景，突出文字，不要设计得太花里胡哨。

（4）封面风格

所有封面图设计风格尽量统一，看起来有视觉冲击力。

4.4.2 头像：品牌感，有个性

很多餐厅抖音账号并不太在意头像的设计，觉得这是一件无关重要的事情，甚至用一些非主流或者卡通照片，这样是不可取的。头像是一个账号的脸面，是别人看到你账号的第一个视觉，所以必须要第一时间给到粉丝最好的记忆点，关于抖音头像的设计有三个要点：

第一，抖音头像是正方形的比例（注：上传时建议大于800像素×800像素）。

第二，如果账号风格是以人设IP为主打的，建议放本人的生活照头像。不建议放一些动物、搞怪、卡通人物的照片，直接放真人照片，这样更有亲和力。

第三，如果账号是餐饮店或者连锁餐饮品牌，那就直接放公司的LOGO，这样简单粗暴，让用户一眼就能记住你。有人会说，这样会不会太广告化？其实如果你一开始打造的就是企业号，那还不如直接简单粗暴一点，这样反而让用户不会太反感。

4.4.3 名字：看得懂，记得住

抖音的名字就相当于抖音账号的定位，所以名字的重要性是不言而喻的。大部分人最先接触的就是名字，我实在想不通有一些百万账号的抖音名字搞那么多英文字母，这让用户怎么记得住你？其实，抖音的取名必须符合四个标准：

（1）好记

用户最好看一眼就能记住。

（2）名称+品类

比如：王记麻辣烫等，让别人一看就知道你是做什么的。

（3）有利于搜索

据统计，约有10%的用户会通过搜索获取账号，如果你的热度比较高，粉丝比较多，账号加了蓝V权重比较高，就会被排在搜索结果的前面。

（4）抖音名字不建议超过7个汉字

文字太多的话不利于用户传播。

4.4.4 简介：提核心，讲重点

抖音主页的简介相当于一个人的自我介绍，同时抖音简介在主页展现相当于客户联系你的一个主要窗口，所以餐厅在抖音主页设置文字介绍的时候，需要注意三个要点。

第一，抖音简介文字不要超过四行，四行以上的会被系统隐藏（图4-9）。

▶ 引爆餐饮抖音：吸粉、引流、变现全攻略

图 4-9 抖音简介超过四行会被折叠（来源于抖音"北京静香斋餐厅"号）

第二，抖音简介一定要直接说重点，比如做什么的，多少家店，店分布在哪里，不要太啰唆写一大堆文字，在抖音账号没有做起来之前，大家都比较忙，没有那么多时间看你的信息。

第三，吸引关注，留下个人联系方式。做抖音的最终目的是引流，所以留下自己的联系方式非常关键。现在最流行的当然是留微信号，但是现在抖音简介会屏蔽微信等词语，可以试试 V 信，威 X，加 V 等隐晦性的表达，其实用户一般都能看懂。

4.4.5 引流：上标签，促转化

现在抖音不用花600元/年加蓝V，只要有营业执照、食品经营许可证就可以免费开通抖音企业号。抖音通过了企业号的申请流程以后在主页可以设置3个营销按钮。对于一家餐厅来说，怎么更好地设置抖音的这3个按钮及标签内容呢？具体有以下相关的设置技巧。

（1）留电话

这个按钮相当于电话呼出组件，抖音企业号开通了以后，用户只需在主业设置相关的按钮，用户点击一下可以直接联系商户。

（2）留地址

用户点进去可以直接链接到门店的地址。

（3）查看门店

如果品牌不止一家门店的话可以把所有的门店全部绑定在一个抖音账号下，这样点击查看门店就可以看到所有的门店列表。

（4）做好私信自动回复设置，不错过任何一个客户

步骤1：打开抖音抖音企业号网址，进入企业运营中心。

步骤2：点击私信管理，然后点击智能回复。

步骤3：开启用户进入对话时自动回复，填写相关回复内容。记住：有一些推广回复的词语是禁用的，例如"电话""微信"等，详细内容可以自行网上搜索了解。自动回复的模板如下："您好！我们是XXX全国总部，全国连锁YYY家店，如需快速了解加盟详细费用、项目详情等，您可留下联系方式，我们会尽快和您联系！"

本章抖音行动清单：

1. 自己制作一张抖音头像。

2. 自己设计一张抖音封面图。

3. 完成餐厅企业号申请。

4. 剪辑并发布一条 15 秒左右的视频。

5. 完成抖音号主页标签的设置。

第 5 章
高手进阶，快速掌握短视频运营技巧

在抖音运营的过程中，有些看似火爆视频的背后，其实大部分都是专业的团队在运营。有些视频虽然只有十几秒，但是整个过程不仅需要专业的拍摄手法，还需要一些运营和剪辑的技巧。本章将详细分享如何轻松掌握抖音运营的一些小技巧，进而成长为一个短视频运营高手。

5.1 餐厅抖音拍摄技巧

在抖音的运营过程中，除了本身的选题和方向比较重要以外，视频的拍摄和剪辑也是非常重要的。

运用一定的拍摄和剪辑技巧，能够将视频的特色和爆点最大程度地体现出来。具体有以下几种拍摄技巧。

5.1.1 餐厅拍摄三大主题

餐厅拍摄抖音的形式有很多，有以拍摄人物为主的人物 IP 号，也有以拍摄剧情为主的剧情号，每种类型所针对的粉丝群体是不一样的。

总结起来，抖音拍摄类型主要分为人、事、物三个大方向。

（1）人物篇

人物 IP 拍摄手法是现在抖音一种非常流行的拍摄模式。以人物方式来出镜拍摄，能够给人一种亲近感。这种拍摄手法主要目的是打造一个长期人设。

类似美女老板娘（图 5-1）、创业大咖、企业高管等，以某个重点人物为主，长期围绕这个 IP 进行内容创作。以人物 IP 号为主的风格主要有以下四个特点。

引爆餐饮抖音：吸粉、引流、变现全攻略

图 5-1 美女老板娘做抖音天然具有流量优势（来源于抖音"擂饭老板娘"号）

① 拍摄人物更有亲近感

拍摄人物更容易拉近人与人之间的距离，给人以亲切感，并且更有记忆点。比如美女老板娘、有个性的店长、艰苦创业的老板等更容易引起人们的关注。根据数据统计，抖音真人出境的整体播放量比非真人出镜的播放量高。

② 资产属性更强

如果是老板亲自出境的话，基本上这个账号的价值可以全部归属于老板。账号也不会因为有人员的离职而发生变更，因为老板本人的人设是无法被替代的。

③ 需要克服镜头恐惧感

普通人如果没有经过长时间的专业训练，在面对镜头的时候就会表现得很紧张。所以，要想做 IP 号的话，必须要克服面对镜头的恐惧感。

④ 控制好拍摄时间

现在很多餐饮店都是个体工商户，每天老板都要忙于店里的各种运营，处理各种鸡毛蒜皮的小事，根本没有那么多时间拍摄抖音。所以，餐厅老板必须要在店面运营和抖音运营间找一个非常好的平衡点，不能因为拍摄抖音而耽误了门店的运营。抖音毕竟是锦上添花的事情，老板还是要踏踏实实把门店的运营做好，把客户维护好。

（2）事件篇

除了拍摄人物以外，餐厅另外一种抖音拍摄风格就是拍摄事件。事件风格的主题主要是以创业故事、餐饮段子、职场经历等为拍摄方向。拍摄事件类的抖音号主要有以下四个特点：

① 娱乐性比较强

类似徐记海鲜这类 IP 账号（图 5-2），打造苏姐人设，拍摄一些店面管理的段子，观赏性比较强，就像在看电视连续剧一样，博人们一笑的同时让人们期待下一集视频。

图 5-2 徐记海鲜账号

② 视频时间较长

拍摄事件篇的视频有一个比较大的特点就是时间比较长。因为事件篇要包含的内容比较多，时间较短的话很难将整个事件描述清楚。

③ **需要有专业的演员出镜**

有很多餐厅的视频都是自己的员工在拍，因为是非科班出身，没有受过专业的训练，所以呈现的效果就是演技非常尴尬。如果是这样的话，还不如不拍。可能有人会说：那就请专业的演员拍。在后面章节笔者会讲到抖音运营外包的模式，这种费用其实非常高，动辄上万元。考虑到投资回报比，建议餐厅老板们还是不要轻易尝试事件类型的拍摄风格。

④ **完播率整体偏低**

虽然故事类、剧情类的抖音视频很容易出现爆款，但是事件类视频除了对出镜人员演技要求比较高以外，还有一个很大的问题就是完播率比较低。一般剧情视频时长在40秒以上，因为时长太短很难完整表达一个故事，时长太长则导致播放量整体偏低。

（3）菜品篇

餐饮行业的抖音流量池是非常大的。其中，抖音流量池最大的就是菜品类视频。这主要有两个方面的原因，第一，学习做菜技巧是刚需。很多在家做饭的人经常会遇到有些菜不知道怎么做的情况，所以他们经常会在抖音上搜索。第二，菜品视频不管是拍摄还是剪辑门槛都是最低的，而且不用真人出境，所以出片量非常高。我们经常刷到很多百万粉丝级别的抖音号都是关于菜品教学的。菜品类别的视频，主要有以下三个特色：

① **简单易上手**

只要用手机对着菜品拍摄，并配上简单的菜品做法作为文案，简单进行剪辑就能发布。只是运镜的时候多注意，最好离菜品近一些，这样看起来更有食欲（图5-3）。

② **时间短，完播率高**

如果不是那种很复杂的菜品做法，基本上一个完整的菜品视频在

5~20秒就能完成。既然播放时间短，那随之而来的就是完播率的提升。我们对之前运营的账号做过统计，5秒视频的完播率基本上在30%以上。只要播放量、点评量达到一个量级，视频很容易就会进入更高级别的流量池。

图 5-3 非常简单的菜品视频拍摄

③ **真正的刚需**

菜品类视频之所以流量池大，还有一个最重要的原因就是绝对的刚需。现在很多人在做饭的时候不知道菜品怎么做，这个时候会去抖音上搜索。只要菜品有特色，看起来比较有食欲，播放量都不会太低。

5.1.2 抖音景别设置技巧

抖音视频根据不同的拍摄手法体现的重点是不一样的，不同的场景、不同的人设所拍摄的手法肯定是不一样的。不同的置景方式，所要表达的内容也是完全不一样的。抖音视频拍摄有以下五种景别。

（1）远景

镜头重心比较远，给人一种远眺的感觉。这种景别比较适合大环境、大视野的镜头。像一些无人机拍摄就比较适合远景拍摄，拍出来的效果特别让人赞叹（图5-4）。

图5-4 远景效果图

（2）全景

全景主要是可以看到核心表达内容与整体环境的关系，全景所包含的内容比较多，给人一种信息量很丰富的感觉（图5-5）。

图5-5 全景效果图（来源于抖音"铭哥说美食"号）

（3）中景

中景就是指拍摄人物膝盖至头顶的部分，重点展示人物上身的动作。

中景最能体现画面的叙事功能，可以很好地展现人与人、人与物、人与环境之间的关系。中景是目前抖音用得最多的拍摄手法之一（图5-6）。

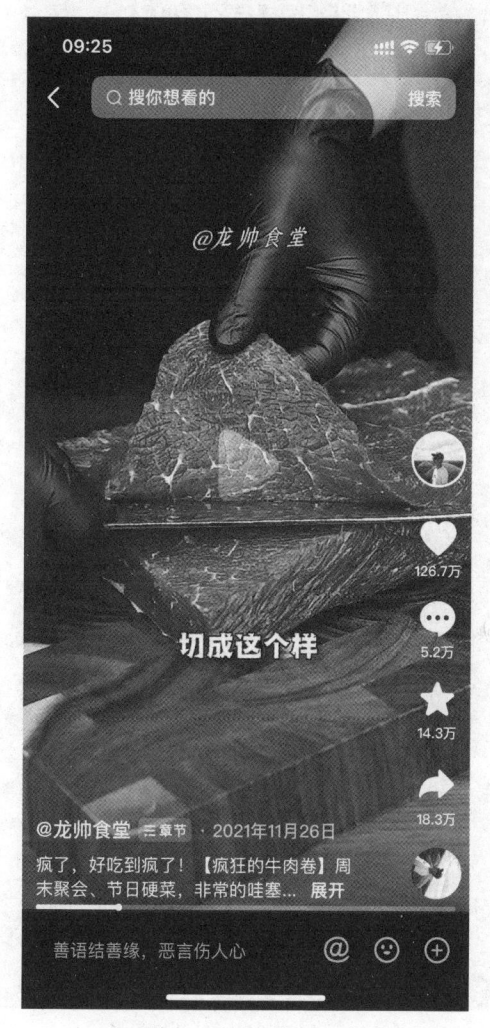

图5-6 中景效果图

（4）近景

近景能给人一种亲密感，能看到更多细节。很多菜品视频适合用近景拍摄。因为细节更容易诱发人的食欲（图5-7）。

图 5-7　近景效果图

（5）特写

特写是指对画面的某个模块进行放大，充分展示细节，聚焦某个点，展示部分和整体的关系（图 5-8）。

第 5 章 高手进阶,快速掌握短视频运营技巧

图 5-8 特写效果图

> **小贴士**
>
> 　　抖音拍摄的置景技巧主要有以上五种方式。不同的景别传递不同的信息,适用于不同的场景。不是所有拍摄方式都适合所有餐厅,餐厅应该根据自己的需求选择适合自己的拍摄方式,找到适合自己的置景方式。

5.1.3 拍摄构图技巧

除了弄清楚景别设置以外，了解如何构图也是非常重要的。我们看到很多视频因为构图不明确，导致整个画面没有重点，想要表达的东西很混乱。如果用户找不到重点就很容易划走。抖音视频拍摄有以下构图技巧。

（1）九宫格构图

新手小白如果不知道怎么构图，用手机相机打开九宫格（图5-9），将重点要表现的内容放在9个点上面，这样就可以很容易找到拍摄以及想要表达的重点。

图5-9 九宫格构图

（2）构图需主次分明

任何一个好的视频一定是主次分明、突出主题而不是错乱的（图5-10）。我们在拍摄视频的时候，不需要用一个视频把所有内容都交代清楚，而是要突出重点，主次分明，让画面更有序，用户才会有看下去的欲望。

图5-10 主次分明

（3）让画面动起来

在拍摄餐厅环境或者菜品的时候，一定适时地切换镜头，让画面不要在一个镜头下停留太久，这样整个画面就会显得过于死板。无论是运镜还是转场都要让画面动起来（图5-11），运动的画面能更好地带动人的情绪，将用户带进你要表达主题中。

图5-11　让画面动起来（来源于抖音"7哥-湘U"号）

5.1.4　抖音视频拍摄技巧

想要一个视频有很好的表现力，就需要运用一些拍摄手法。虽然大多数人几乎没有受过专业训练,拍不出大片的效果,但是只需要掌握一些简单的运镜技巧,就能很大程度上增强视频的表现力。抖音拍摄常用手法有以下三种。

(1)推拉

推拉镜头是在拍摄的时候,被拍摄的对象不移动,镜头对着被拍摄的对象向前推进或者向后拉伸,被拍摄的对象画面逐渐放大或缩小。

(2)摇移

摇移镜头是指拍摄的设备做上下、左右、旋转等运动,移动着拍摄。摇移拍摄的形式非常多样,既能水平移动,也能按照曲线移动,表达的形式也非常丰富。

(3)跟拍

跟踪拍摄是指镜头跟随被拍摄对象运动的方向移动跟拍。因为是跟着主体不断移动,所以能很大程度上表现出主题想要表达的意思。

> **小贴士**
>
> 在不同场景下我们需要运用不同镜头表现方式。例如:被拍摄的主体是静态还是动态的,拍摄的手法肯定是不一样的。如果是拍摄静态物品,我们就要注意如何突出物体的细节。例如要拍某道菜,那么我们需就要360°无死角地拍摄这道菜品,不管是颜色还是摆盘最好都是全面展示细节,由远到近,从推拉到移动。当然,整个过程我们可以根据环境变换运镜手法,要让人身临其境,感觉像在看电影。

5.2 抖音视频运营技巧

随着更多的餐厅入驻抖音，各种类型的餐厅抖音号层出不穷。想要在众多的账号中脱颖而出，就必须运用专业的剪辑、发布、运营手段。只有创造出有差异化的内容并掌握一些常规的运营技巧，才可能打造一条爆款。

5.2.1 餐厅拍摄抖音最常见的六种风格

设备准备好了，也了解了抖音的重要性，那么接下来就是计划怎么拍好抖音了。如今餐饮类抖音的风格创意虽然层出不穷，但是仔细研究的话，总结起来也就六种风格。餐厅老板需要根据自己品牌的特性选择适合自己的风格。

（1）剧情类风格

剧情类是前两年最流行的一种拍摄手法，一般至少有两人出境，模拟生活或工作中经常发生的片段而拍摄一些情景短剧。这种剧情类视频一般点赞量较高，很容易调动人的情绪，像徐记海鲜就是靠剧情起号的。还有一些比如监控视角，记录店面温馨瞬间，情感类、职场类等以剧情的形式呈现。但是最近这几年做剧情类的账号也遇到了一些瓶颈，有些账号甚至已经开始慢慢转型，笔者分析主要是以下两个方面的原因。

① **剧情类成本比较高，而且调度比较麻烦**

因为餐饮店一般没有专业演员，所以有一些餐饮品牌会选择抖音外包运营。根据笔者了解的市场价，外包一般每年需要15万到20万元。为了节省成本，所以很多餐厅直接用自己的店员来拍摄，但是很多餐饮从业者没有接受过演员的专业训练，很难拍出那种真实的感觉。其实一开始尝试剧情号的播放量都不会太高，需要不断投入成本，但是前期过程会一直看不到产出，很多餐饮品牌无法提供这么高的预算，后面索性就放弃了（图 5-12）。

图 5-12　剧情号拍摄需要有专业的演技（来源于抖音"徐记海鲜"号）

② 剧情号变现比较困难

剧情号虽然很容易出现爆款，但是用户对视频的点赞和评论只是基于对剧情的兴趣，而对品牌本身并没有太大的感知。所以不管是团购收入还是加盟客户咨询量后期都没有太大的促进作用，账号后期很难变现。毕竟用户当初只是因为好玩才关注你的，一旦你开始有商业计划，用户马上会取关。

（2）老板记录开店日常风格

这种风格主要是餐饮店创始人记录开店日常（图5-13），从开业初期到生意慢慢稳定再到最后生意火爆。这种风格对老板要求比较高，需要有真人出镜且要有比较流畅的表达能力。但是优势在于成本比较低，拿着手机就可以直接开拍。从抖音的官方数据统计来看，真人出境的效果是最好的，但是很多人都有镜头恐惧感，所以这也是个人餐饮IP号真正做得好的并不多的原因之一。

图5-13 老板真人出镜介绍开店日常（来源于抖音"柒小对卤粉拌面"号）

第 5 章　高手进阶，快速掌握短视频运营技巧

（3）日常搞笑段子风格

账号拍摄一些日常搞笑段子（图5-14），比如：店员模仿一些搞笑片段，蹭一些搞笑的热点段子。但是这种搞笑段子资源比较少，虽然追热点能蹭到流量，但热点并不是每天都有，很难长期稳定出片。所以我们看到原来拍搞笑段子的号现在都在慢慢转型。现在大家的笑点都变高了，如果不是视频很有创意很有趣，就很难引起大家的共鸣。

图5-14　日常搞笑段子（来源于抖音"肯德基闽潮誌"号）

（4）励志文案风格

随意拍摄门店的一些环境、炒菜、员工忙碌的镜头，再配上一句励志

099

文案（图5-15），一段励志的音乐。比如：干餐饮，只有汗水，没有泪水！这类视频很容易引起餐饮人的共鸣。像这种励志文案风的视频特别适合20点以后发。笔者之前运营的一个账号，只是套用了一句简单的文案，整个视频不到10秒，播放量高达200万。

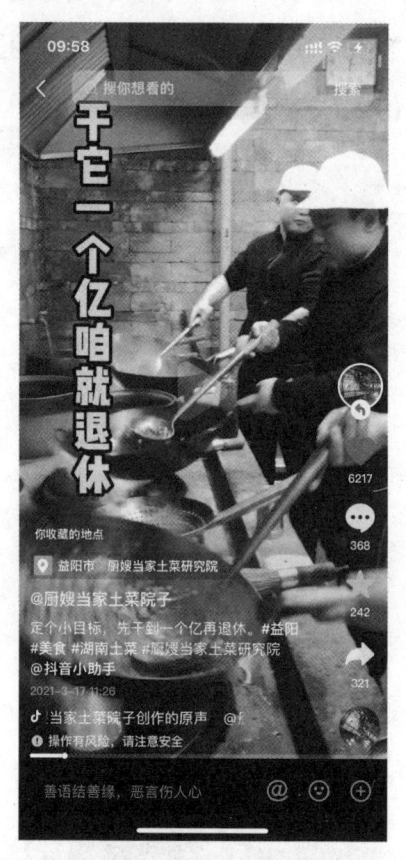

图5-15 励志文案能引起餐饮人的共鸣（来源于抖音"厨嫂当家土菜院子"号）

（5）记录店面生意火爆风格

这种风格是目前餐饮加盟品牌用得最多的类型之一。拍摄门店排队、生意火爆的一些场景，给人传递一种生意特别好的信息。这种风格的镜头一般用的是扫镜，主要是拍摄人多的场景，人流量越多越好。这种类型特别适合招商加盟的餐饮号，因为加盟商最关心的就是生意好不好，只有你生意好、人气旺，他们才愿意加盟。

（6）产品教学风格

产品教学类的视频主要拍摄门店产品制作过程，按照步骤教别人怎么做菜（图5-16）。这种风格最好是真人出镜，只是这种风格对表达能力和逻辑能力要求比较高。当然，如果真人不愿意出镜，直接对着产品拍也是可以的。根据笔者经验来看，这种类型的视频虽然很难出现上百万播放量的爆款，但是流量基本都很稳定。短时间内涨粉也不一定很快，但是只要坚持，一个月涨几百上千个粉还是没有问题的。

图5-16 产品教学风格

5.2.2　各类拍摄风格总结

其实没有一种视频风格是万能的，适合所有的餐饮品牌。每种风格都有自己的优劣势，例如剧情号，虽然看的人多，但是拍摄成本高。而文案流水号虽然看的人少，但是成本低。想尝试哪种风格，关键还是要看自己处在哪个阶段。

（1）剧情类风格只适合规模比较大、有预算的大公司

想要尝试剧情类抖音风格，小公司基本上拿不出这么多预算，而且出片率较低，一周最多只能发 2~3 条。关键是拍摄和剪辑难度大，如果没有充足的预算基本上拍几期就会放弃。与其这样，小公司还不如一开始就不要尝试这条难走的路。所以，剧情类风格只适合有预算的大公司，那些小企业建议不要尝试。

（2）老板真人出镜，需要有非常好的镜头感

真人出镜的效果是所有拍摄风格中热度最高的，因为真人出镜让人看起来有亲切感。但是很多人有镜头恐惧感，虽然自己能出镜，但也就是混个脸熟，根本拍不出来那种很自然的感觉。如果想要尝试真人出镜的风格，一定要后期多多进行练习，增强自己的镜头表现力和感染力。

（3）文案类风格最简单但普遍数据不好

餐厅如果想尝试文案类型的风格，要做好打长期战的准备，因为短时间内涨粉会很慢。正常情况下，账号如果不投放抖加，基本上不会出现粉丝量增长。但是，从长期来看，文案类风格的账号涨粉比较稳定。一个正常普通的账号，一年做个一万粉丝是没有什么问题的。

（4）不同阶段账号的目标不同

对于餐饮抖音号来说，针对不同阶段的运营目标，所采取的运营手段是不一样的。如果是账号的初始阶段，目标肯定是快速涨粉。如果是有了一定粉丝量的账号，核心目标当然是打造自己的核心内容库。所以在运营抖音号之前，餐厅必须明确自己处在哪个阶段。

① 快速涨粉

如果你想快速涨粉，用剧情类和美女老板记录开店日常会更有效果，但成本比较高，必须要请专业的表演团队和拍摄团队，一般的餐厅没有这样专业的演员。

② 细水长流

如果你能够耐得住寂寞，能接受账号慢慢涨粉，则建议用文案类风格。文案类风格试错成本低，数据不行可以马上更换风格，关键是不需要占用太多时间，出片率高，基本上可以保持日更。

> ▶小贴士
>
> 其实不是每一种风格都适合所有的人，要根据自己的品类，现有的资源，以及现在所处的阶段找到适合自己的风格。而这个风格也不是一开始就能定下来的，需要慢慢拍，从过程中慢慢摸索才能找到感觉。所以说抖音运营绝对没有万能的公式，只能边摸索边调整。

5.2.3 抖音视频发布技巧

同样的视频在不同的时间段发布，数据很有可能会不一样。因为根据抖音官方的数据统计，抖音视频每天都会存在一个普遍的高峰和低峰浏览时段。控制发布时间，尽可能让视频被更多的人看到，才有增加视频上热门的可能性。抖音视频发布有以下三大关键点。

（1）制定发布策略

在视频发布之前，我们需要制定自己的发布策略，不要轻易选择发布时间。如何制定发布策略呢？

① **选择粉丝活跃时间**

进入自己的抖音 APP，找到自己的粉丝活跃时间，分析自己的粉丝主要活跃时间是在哪个时间段，选择在自己粉丝活跃的时间段发布视频（图 5-17）。

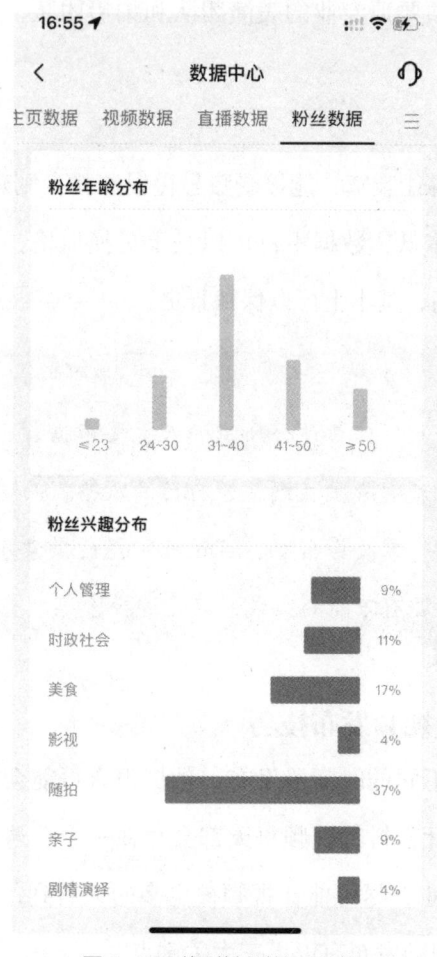

图 5-17　找到粉丝的活跃时间

② 挖掘粉丝行为心态

了解视频用户特定的心态和行为习惯。比如你是做一个讲干货的视频号，那么建议最好选择在晚上发布视频。如果你是一个美食教学的视频号，则建议在饭点前一个小时发布。

③ 直播前 1~2 个小时发布

如果你是一个经常直播的账号，建议在直播前 1~2 小时发布视频。如果你的视频上了热门，还能够顺带给你的直播间引流，一举两得。

（2）控制发布时间和数量

视频发布的时间和时长是决定视频完播率非常重要的一环，特别是刚起的新号，一定要控制发布时间，视频才更有机会上热门。

① 控制发布时长

根据笔者运营的经验，前期起新号，视频时间不要超过 15 秒。如果内容不是特别优质的话，超过 15 秒会严重影响完播率，从而影响视频的热度。

② 控制发布时间

不同的时间，抖音流量池的热度是不一样的。根据统计，用户的主要习惯如下：

·用户使用抖音高峰期：19：00~23：00。

·用户点赞高峰期：13：00~18：00。

·用户视频最佳上传时间：18：00~20：00。

③ 控制发布数量

每周建议最优的更新视频数量为 5~10 条，量太少的话抖音会降权，量太多的话抖音会判定你在刷内容。

（3）精选背景音乐

① 不同内容风格搭配不同背景音乐

很多人忽视背景音乐的选择，其实背景音乐的选择也是非常关键的一环。

不同视频风格需要搭配不同的背景音乐。比如你是一个菜品教学的视频，节奏比较快，时间比较短，那就要搭配节奏比较轻快的音乐。如果你是一个讲人文、讲菜品历史的视频，节奏比较缓慢，娓娓道来，那就要选择比较舒缓的音乐。

总之，我们要根据不同的内容风格搭配不同的背景音乐。

② 背景音乐不宜超过人声

如果是真人出镜做口播的视频，因为关键是要突出真人口播的内容，所以背景音乐的声音一定不能比人声大，否则听起来会给人很嘈杂的感觉。

③ 背景音乐选择抖音热门

抖音自带的视频剪辑软件剪映的功能非常强大。

打开剪映搜索热门音乐（图5-18），可以看到目前抖音音乐榜，我们在剪辑视频的时候可以直接套用这些热门音乐，这样可以更大程度上增加视频的辨识度。

5.3 餐厅爆款文案怎么写

对于一个视频来说，文案的呈现也是非常重要的。不管是视频简介文案、封面文案，还是内容文案，最终目的都是帮助用户更好地理解视频的内容，文案的表达方式和表达内容直接决定了用户有没有看下去的欲望。

第 5 章　高手进阶，快速掌握短视频运营技巧

图 5-18　抖音音乐榜

5.3.1　餐厅文案的四大步骤

各类同质化的视频越来越多，要想脱颖而出，就必须在视频的第一秒就抓人眼球，勾起用户看下去的欲望。我们经常会刷到一些视频，只是通过简单的文案描述就能让视频有近百万的播放。打造餐厅文案有以下四个步骤。

（1）开场吸引人

视频的第一秒是至关重要的，用户能否点进去并选择持续观看都是靠第一秒的引导（图5-19）。所以我们必须要花更多时间去研究如何做到开场吸引人。

图5-19 第一秒吸引人的开场（来源于抖音"柴大官人聊品牌"号）

（2）语言建立期待

用户被视频开头的文案吸引以后，如何让他们还有持续看下去的欲望

第 5 章　高手进阶，快速掌握短视频运营技巧

呢？最重要的就是要让他们对视频接下来的内容有所期待（图 5-20）。

图 5-20　提升用户对内容的期待

（3）中间不拖沓

上文我们分享了视频上热门的四大核心数据之——完播率。为了保证完播率，视频内容一定不要太拖沓，时长最好不要超过一分钟。该快进的时候快进，该删除的部分一定要删除。一定不要讲太多废话，要保证每一

帧视频对用户都是有用的。

（4）结尾超预期

如果一条视频想要更高的点赞率或者更多的评论量，结尾处一定要超过用户预期（图 5-21），比如反转或金句等。这样用户才会更加喜欢你的内容从而更加认可你的人设。

图 5-21　结尾超过用户的预期（来源于抖音"柴大官人聊品牌"号）

5.3.2 餐饮文案类型

餐饮抖音文案的方式有很多种。根据不同的表达类型，抖音文案大致分为三种形式：过程类文案、口播类文案、知识类文案。每种文案所针对用户的群体是不一样的。

（1）过程类文案

对于抖音运营人员来说，过程类文案是最容易上手的。因为这种文案天然具备带货属性，兼容度非常高，天然具有高完播属性，很容易让用户沉浸其中，以下就是各种过程类文案的参考模板。

① 励志型文案

· 都说强势的女人不好找对象，是真的吗？可是我不努力，不强势，又怎么去生存？强大才是最好的安全感吧！

· 女人创业，很多人都不看好！亲戚朋友都不敢借给我钱，说一个女生吃不了做餐饮的苦，可是一晃我坚持了10年，背后的心酸只有自己知道！

· 一次不来是你的错，只来一次是我的错，总有一天您会相信，您的选择不会错！

· 30岁的我，农村人，没颜值，没背景，上有老下有小，但我对生活从来没放弃。

② 对话型文案

· 我在某条路某条街开了一家火锅店，今天工作14小时才吃了一顿饭，虽然样子狼狈，但我很欣慰能在抖音上认识你们！你们愿意和我做朋友吗？

· 不是我选择了餐饮，而是餐饮收留了我，包容了我的平庸和自卑，给了我尊严和价值！你也是餐饮人吗？

· 大家好，我是湖南长沙人，在某某路开了一个小吃店，我不帅，但我很实在！有缘分刷到我的视频，不介意的话交个朋友！

③ 自夸型文案

·今天周末又爆单了，都是常来的回头客，感恩所有客户的的信任！

·没有背景，没有颜值，凌晨1点起床买菜，天天一身油烟味的湘妹子，不知道在男士心中美不美！

·今天已经接待了40桌，本来想吃一顿火锅犒劳自己，但是客户还没走，必须服务到最后！

·每天坚持发抖音，不是想当网红，只是想要更多的人知道我的小店，视频点赞不重要，重要的是味道你点赞！

④ 对比型文案

·8年前有人笑我，开小吃店赚钱吗？能养活自己吗？8年过去了，我靠微薄的利润不仅养活了自己，还能养活一家子人。

·疫情结束我们见一面吧，在长沙，在安乐路，你请我喝奶茶，我请你吃小吃，不见不散！

·不串门不八卦，不逛街不打牌，喜欢工作带给我的忙碌，退出无效的社交圈，圈子小到只有店和家！

·从不羡慕奔驰宝马，独爱我的座驾小长安，困了就在车里睡！餐饮人从不怕辛苦！

（2）口播类文案

之所以被称为口播类文案，主要是出镜人通过讲话、口头表达的形式组织而成的文案，这类文案配上人的肢体动作和表情，给人的感觉非常真实和亲切。口播形式的文字主要分为以下三类：

① 真人口播文案

通过真人自拍或者他拍的形式，输出各类文案（图5-22），通常分为坐拍和走拍两种形式。

图 5-22　真人口播（来源于抖音"小刘餐饮流量"号）

② 不出镜口播文案

类似旁白一样进行口播，整个过程没有真人出镜，只是纯产品展示（图 5-23）。

▶ 引爆餐饮抖音：吸粉、引流、变现全攻略

图 5-23 真人不出镜口播（来源于抖音"汉堡王中国"）

③ 观点类口播文案

通过阐述自己的观点，引发用户讨论。这类文案通常具有很大的争议

性和煽动性。

（3）知识类文案

知识类文案主是以知识传播为主，分享一些营销、选址等各方面的餐饮知识。这种类型的文案基本上都是一些行业的干货，所以内容非常垂直。知识类文案主要分为三种类型：

① 餐饮排行榜

通常是公布各种类型的餐饮排行榜，这类排行榜的热度是比较高的，因为很多用户都喜欢看。

② 选址、营销等各类知识

视频分享一些餐饮营销、选址、品牌、供应链等各种餐饮行业相关的干货知识。

③ 餐饮行业数据资料

账号分享一些餐饮行业营运、营销等一些数据表格资料。

5.3.3 如何写出文案金句

文案金句是点赞和评论的收割机，有的时候视频结尾通过文案金句，可以起到锦上添花的作用。好的金句容易被用户记住，易传播。当然，每一个金句背后都是有套路的。以下是写出金句的八种方法。

（1）ABBA 句式

我不想改变这个世界，我只是不想被世界改变。

（2）ABAC 句式

别人开店是为了生活，我活着是为了开店。

（3）换字法

我们经历了那么多挫折，是为了把生意做得更好！

（4）拆词法

我和家乡的距离，是屈指可数的相聚和依依不舍的别离！

（5）否定法

哪有什么岁月静好，只不过有人替我们负重前行。

（6）搞笑法

干一个亿就退休。干不到呢？接着干。

（7）扩充法

你以为他们都希望你生意好，其实他们都希望自己的生意比你好。

（8）个性观点法

八大菜系，湘菜必须排第一，不接受反驳！

5.3.4 视频介绍文案给谁看

抖音的介绍文案也是非常关键的部分，好的介绍文案能够助力好的内容进入更大的流量池（图5-24）。其实，介绍文案主要是给以下两个对象看。

（1）给用户看

在写视频介绍文案时，内容不建议超过三行，文案需要突出重点，比

如能给用户提供什么帮助，能创造什么价值，最重要的是引发用户的期待。

图 5-24　有特色的介绍文案（来源于抖音"太二酸菜鱼"号）

（2）给机器看

文案内容除了给用户看外，还有一个作用是给机器算法看。机器看的目的就是能够识别你的文案核心表达的内容，然后根据你的账号特性，把你推向适合的人群。

5.4 餐厅常用剪映剪辑技巧

短视频的核心在于一个短字，那么最开始的1秒就显得非常重要。所以，我们在做视频剪辑时一定将最核心，最重要的信息在最开头第一帧画面体现。如何埋点、剪辑，这些都是在抖音运营过程中必须掌握的一些技巧。本章将从专业的拍摄技巧来进行分析，针对不同的拍摄手法、不同的运镜和剪辑手法等各个方面，介绍如何拍出高质量的餐厅短视频。

5.4.1 三大技巧，随手剪出完美大片

对短视频来说，最关键的是短。既然时间短，那每一秒内容的设置就显得特别珍贵。一段好的视频，一定是经过再加工处理，将最想要表达的内容即用户想看的内容留下来，将无关的内容剪切掉。本节将详细介绍如何让视频更具传播力。

（1）二次构图，去除多余视频画面

二次构图是指后期环节对短视频的构图进行处理和调整，使其达到合适构图，二次构图用得好，可以使视频主题性更强，更具观赏性。通过裁剪和放大主体进行二次构图，这样画面看起来更加直接，少了很多冗余的画面，画面更加干净。

（2）旋转镜头，拍出更诱人的美食

如何拍出高质量的美食大片呢？想要拍出令人垂涎欲滴的大片，就必须掌握一定的运镜技巧。通过镜头旋转的方式，可以360°无死角地展示美食，从不同角度呈现食物的状态（图5-25）。

图5-25　旋转镜头下的菜品呈现

旋转拍摄时，如果怕手不稳，有一个小技巧，就是将手机平放在桌上，靠着桌面移动，这样就可以拍出相对稳定的画面。

（3）调整画面比列，让视频更符合平台要求

在使用手机拍摄视频时，用户要根据不同场景，选择不同的拍摄比例。常见的短视频拍摄比例主要分为横屏、竖屏、方屏三种。

① **最常见——横屏**

横屏主要指用手机横着拍摄，这样拍出来的视频主要是横向的长方形。由于我们的视觉习惯天生就是长方形，而且我们长久以来观看的电影、电视都是以横屏为主，所以横屏的视觉效果符合我们的基本习惯（图5-26）。

图5-26　横屏看起来更符合人的视觉习惯

② 最大气——竖屏

上面阐述了横屏天生具有的优势，其实竖屏也有自己的优势。首先，竖屏和手机屏幕的尺寸是一样的，它能很好地展现垂直的线条和画面的纵深感（图5-27），使画面看起来更加大气。类似菜品拍摄就非常适合竖屏，因为竖屏可以将菜品全方位展现。

图5-27　竖屏看起来更大气（来源于抖音"田柒柒餐饮管理"号）

③ 最严肃——方屏

方屏是标准的正方形尺寸，会给人以画面均衡、严肃、稳定的视觉效果（图5-28）。因此，一些比较正式、庄重的画面就比较适合方屏。比如餐饮访谈类、开店创业故事类就比较适合方屏。

图 5-28　方屏看起来更严肃

（4）调整播放速度，提升完播率

在做视频后期剪辑的时候，我们需要根据视频的具体呈现调整播放速度。加快播放速度可以缩短视频播放时间，提升视频整体的完播率。当然，播放速度和背景音乐是相关联的，如果背景音乐用的是节奏比较快的音乐，视频播放速度就要调整到 1.2 甚至 1.5 倍速。如果背景音乐用的是节奏比较慢的音乐,就需要放慢播放速度。总的来说,就是要根据视频的表现风格、背景音乐来控制视频整体的播放节奏。

5.4.2 控制音频,让视频重新发声

一段完整的视频一般是由音频和视频两个重要部分构成的。好的背景音乐往往能起到锦上添花的作用。抖音之所以叫抖音,就是因为音乐是其不可或缺的一部分。本节将重点介绍如何搭配音频,让音频更好地为视频服务。

(1)保留干净原声

在拍摄视频时,因为加入了很多环境音,所以其实原声是比较嘈杂的。我们在剪辑时尽量不用原环境音很多的原声,当然也有一些原生态的美食账号比较适合用原声,普通的视频建议去掉环境音。

(2)添加音乐时,选择和视频风格相近的音乐

抖音上的音乐风格主要分为两种:一种是节奏比较快的欢快音乐,另一种是节奏比较慢的舒缓音乐。节奏快的音乐适合画面播放比较快速的视频风格,节奏比较慢的音乐适合舒缓、慢节奏的视频风格。这里要注意的点是:如果视频是口播原声,需要将背景音乐调小,因为如果背景音乐太大容易听不到人声。

(3)选择抖音热门音乐

如果实在找不到自己想要的音乐做背景音乐,也可以选择抖音热门音乐。如何操作呢?我们可以点击抖音放大镜,搜索抖音热门音乐,添加最近抖音排名比较靠前的热门音乐。

（4）智能配音，让声音更有趣

拍摄抖音时不想说话，其实也没有关系。现在抖音配备了非常丰富的智能配音，有大叔风、萝莉风（图5-29）等。只要你提供文字，剪映就能依照文字，根据你想要的智能语音效果全部朗读出来，非常方便。

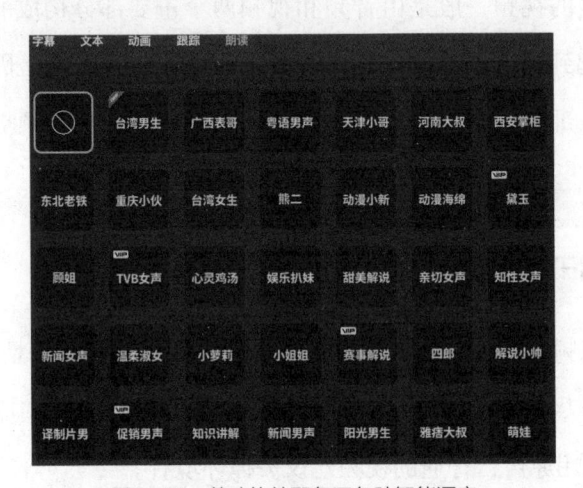

图5-29 剪映软件配备了各种智能语音

（5）音效配置，让画面更有临场感

在视频的剪辑过程中，加上一些简单的特效，能够增加整个视频的趣味性。比如爆破音、转场音等，能使整个画面在关键处调动用户的情绪。

5.4.3 玩转字幕，全面突出视频亮点

我们观看短视频是一个被动接收信息的过程，大多数时候很难集中精力。这个时候就需要配置一些字幕帮助观众更好地理解和接受短视频的内容。本节将详细介绍一些字幕添加的技巧，帮助大家更好地玩转抖音视频的字幕。

（1）不遮挡字幕，更清晰呈现

在手机端观看字幕的时候，会发现有时候屏幕的一些模块会遮挡字幕。我们在添加字幕的时候必须规避平台系统的文字位置，选择恰到好处的位置，才能让字幕得到充分的展示。在抖音平台上，有推荐栏、点赞栏、文案栏3个地方会对文字进行遮挡，发布时一定要注意，不要在这3个位置放置文字。

（2）突显人物全貌，展示全部

视频在添加字幕时候，字幕最好不要遮挡人物的脸、头部等。因为会给用户一种压抑的感觉，最好放置在人的下身部分，看起来会让人更轻松一些。

（3）自动识别，减少打字烦恼

剪映的"识别字幕"功能可以帮助用户将视频中的语音很快转换为字幕文本（图5-30）。打开剪映，点击开始创作按钮，将拍摄好的视频导入，点击文本按钮，选择识别字幕，大概2~5秒，视频里的语音就能被识别为文字。这里要注意一点，普通话越标准，识别出的文字错误率越低。

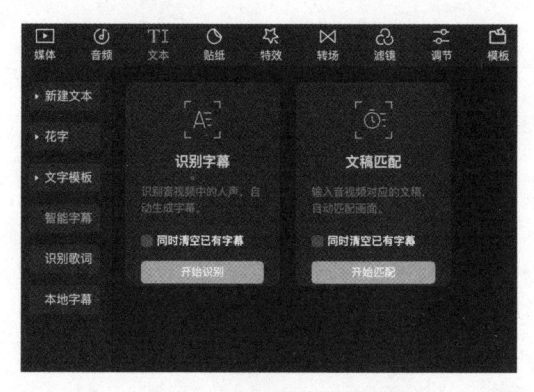

图 5-30 剪映自动识别字幕

本章抖音行动清单:

1. 用旋转镜头拍摄一段菜品视频,再配上抖音热门音乐发布。

2. 真人出镜录制一段视频,然后用剪映智能语音读取出来。

3. 分别拍摄一个横屏和竖屏的视频,找出两者之间的区别。

4. 拍摄一段门店高峰期生意好的视频,配上一段励志型文案。

第6章
玩转抖加，加速引爆餐厅抖音流量

　　抖加是抖音官方的速推方法，也是一种通过付费的方式获取流量的方法。抖加的优势在于，能够使你的视频锦上添花，进入更大的流量池。同时，抖加也可以向定向人群推送视频，随时可以根据自己目标客群进行投放。那么，抖加投放有哪些技巧？本章将详细分享抖加投放的技巧，让你的视频流量翻倍。

6.1 全面剖析抖加投放机制

抖加是抖音平台独有的特色和广告投放机制，在使用抖加这个工具之前，我们需要了解这个工具的功能和特色，以便更好地挖掘抖加的潜力。

6.1.1 抖加基本功能

在投放抖加之前，我们需要了解什么是抖加？抖加是抖音为创作者提供的视频加热工具，能够高效提升视频播放量、评论量，提升视频的曝光效果，也可以助力门店加热。从功能上看，抖加工具有以下三个特点：

（1）操作便捷

在抖音端可直接操作使用（图6-1），点击视频加热即可投放，可以自己投放，也可以由第三方投放。

（2）类型多样

抖加投放的方式有几种，不仅可以投放视频点赞加热，也可以投放门店地址加热，用户可以根据自己的需求选择投放方式。

（3）锦上添花

目前抖音官方给出的抖加流量转化数据为：100元=5000播放量。从理

图6-1 抖加投放界面

论上来说，抖加给到的流量是确定的，花了100块钱，就一定能有5000左右的播放量。但是，每个视频的热度是不一样的，有好也好坏。如果视频质量本身还不错，视频的点赞、评论、转发数据也还可以，抖加能够助推让你进入更大的流量池，从而得到更高的产出比。相反，如果视频本身数据一般，那再多的投加也没法帮你上热门。综上所述，抖加是一个锦上添花的工具。

6.1.2 抖加投放的三大技巧

抖音视频的底层逻辑是赛马机制，在同一个流量池，你的视频内容和数据没有其他人好，你就没办法进入下一个流量池。虽然同样是投抖加，但是选择投放的方式不同，得到的效果也是不一样的。为了更大程度上加大抖加的投入产出比，我们在抖加投放方式上需要注意以下三点：

（1）投放方式选点赞评论量

抖加投放的方式有很多种，但是在账号的前期投放抖加时建议优先考虑投放点赞评论量。因为点赞评论量能更大程度上加热你的视频，对你有兴趣的人自然会关注你，这种涨粉方式是比较精准的。

（2）投放时长建议 12 小时以上

在投放抖加的过程中，投放时间越长，匹配越精准。投放时间越短，匹配越模糊。所以建议投放 12 小时以上，让数据慢慢跑，平台会进行精准匹配。

（3）投放方式选择智能算法

在投放方式上，建议选择系统智能算法。因为系统比你自己更懂你。当然，达人相似可以投，但是在选择达人投放时也要注意以下三点：第一，选投放的达人账号时，最好选择近期起的新账号，起号时间不要超过 1 年。

第二，达人账号粉丝量不要高于 50 万。第三，达人账号的内容需要比较垂直。

6.1.3 抖加投放注意点

抖加是一个付费工具，通过抖加可以让自己的短视频被更多的抖音用户看到，并获得粉丝关注。但是在投放的过程中，我们需要掌握一些投放方法，避免进入抖加投放的误区。

（1）不要发了视频马上投抖加

抖音在我们视频发布以后，会给一个初期的推荐流量池。我们先让视频跑一跑自然流量，看看视频会不会被推荐到下一个流量池。等到自然播放量、点赞量、评论量达到一定数量以后，可以先投放 100 元抖加试试水。尽量不要在视频发布以后马上投抖加。因为如果视频本身内容不好，投再多抖加也无济于事。

（2）蓝 V 餐饮门店可尝试小店随心推

认证蓝 V 的抖音账号，在投放抖加的时候，会被自动匹配为小店随心推（图 6-2）。这种抖加方式是特别针对加蓝 V 账号推出的，目的就是帮助企业有效地进行付费推广。

（3）刚注册的新号，建议先不投放抖加

如果你是新注册的号，就马上投抖加，基本上不会有什么流量。因为刚注册的新号的标签不明确，抖音在不确定账号类型的情况下不会做精准推荐。所以刚注册的新号先不要急着投抖加，一定要在做了一段时间，权重提升了以后，再考虑投抖加，这样做效果会更好。

图 6-2　门店抖加投放默认随心推

（4）控制抖加投放时间点

从投放时间来看，在我们发布视频之后，大概 1 个小时才考虑抖加的投放。比如，如果我们看到视频有要爆的苗头，播放量大于 3000，就可以尝试 100 元的抖加投放。如果视频发布超过 1 个小时，自然播放还在 1000

以内，抖加投放的意义就不是很大。所以有的时候不是光花钱就行，如果视频本身质量不过关，投再多的抖加也无济于事。

6.1.4 如何提升抖音账号权重

在投放抖加之前，一定要先把账号抖音权重提上去。怎样提升账号的权重呢？其实就是提升账号的参与度和活跃度，比如：做到每天日更，主动回复用户评论和私信等，每天花 30 分钟刷一下抖音，多关注一些同类别餐饮类的账号，积极参与点赞和评论。

（1）权重等级解析

抖音针对不同权重的账号，分配的播放量是不一样的。

① **劣质号**

一般视频会分配 200 左右的播放量。

② **普通号**

一般视频会分配 500 左右的播放量。

③ **B 级号**

一般视频会分配 1000~5000 的播放量。

④ **A 级号**

一般视频会分配 5000~10000 的播放量。

⑤ **S 级号**

一般视频会分配 1 万 ~2 万的播放量。

（2）提升账号基础权重技巧

我们通过完善账号的一些基础功能，可以提升账号的基础权重。以下是提升权重的四个操作步骤。

① **注册时最好一机一号一卡**

完善抖音简介昵称、账号简介、性别、年龄、地域、学校并尽量填写真实信息。

② **账号加蓝 V 认证**

条件允许的话，账号最好加蓝 V 认证，同时通过实名认证。

③ **保持账号活跃度**

新号起号每天刷 15~30 分钟的抖音，多关注一些同类别的抖音账号。

④ **减少联系方式露出**

在账号未做大之前，个人信息中的头像、昵称、签名，建议不要放太多微信、电话等导流信息。

（3）提升操作权重

为了提升抖音账号的操作权重，账号应注意以下三个操作：

① **禁止买卖粉丝给账号刷数据**

有些账号为了提升粉丝量，不惜花重金给账号买粉丝，这是非常不可取的。这样做的结果轻则降权，重则直接封号。

② **多和别的账号互动**

应该多给别的账号点赞、评论，看直播以及与主播互动，观看同城版块的视频，通过一个视频点击进入账号的主页然后查看其他视频。

③ **账号不频繁切换登录**

1 个抖音号，最好经常在 1 台固定设备上登录，而且不要频繁登录和退出。

（4）提升作品权重

通过一些简单的操作步骤，我们可以提升抖音作品的权重。以下是提升作品权重的方法。

① **视频短，完播率高**

餐厅类的账号视频尽量不要太长，这样完播率相对会高一些。

② **保持作品日更**

尽量保持作品日更，这样抖音会判定你的账号有比较高的活跃度。

③ **提升作品质量保证垂直度**

发布作品时尽量画面清晰、比例协调、垂直度比较高。不要短时间内经常更换作品的风格。

④ **保持原创**

发布的视频，一定是原创。如果有水印、有明显的广告漏出、评论私信中留联系方式、文案中存在诱导语言，都会被做降权处理。

6.2 详解抖加三种投放方式

为匹配不同需求，目前抖加有三种投放模式，每种投放方式在不同条件下的投放效果是不一样的，根据账号的不同需求，我们需要选择不同的投放方式。

6.2.1 系统智能投放

抖加的第一种常规投放方式是系统智能投放（图6-3）。是指系统根据内容和账号的定位，由抖音算法进行自动投放。这种投放方式比较适用于餐饮IP号、段子号、全国加盟号。这些账号因为针对的是全国的用户，用户比较广泛，所以可以选择这种广撒网的投放方式。比如一些加盟号，想开放全国加盟，面对是全国的客群，就比较适合采取这种形式。

图 6-3　系统智能投放界面

6.2.2　自定义投放

第二种投放方式叫自定义投放（图 6-4）。自定义投放主要是可以将视频投放于自己想要投放的标签。比如：性别、年龄、地域、兴趣标签等。这种情况适合那些开始时定位就很清楚的账号。比如我只做当地地域粉丝，那么我投放的重点用户肯定是本城市的用户。如果我接下来准备要在哪些城市加盟，那么我投放的时候也会很有目的性地选择这些城市。但是这里有一点要说明：选自定义投放时因为各类条件已经被筛选过了，所以投放的客群肯定会相对减少。账号前期投放抖加的时候，建议条件不要定得非常细，适度即可，这样才能使效果更大化。

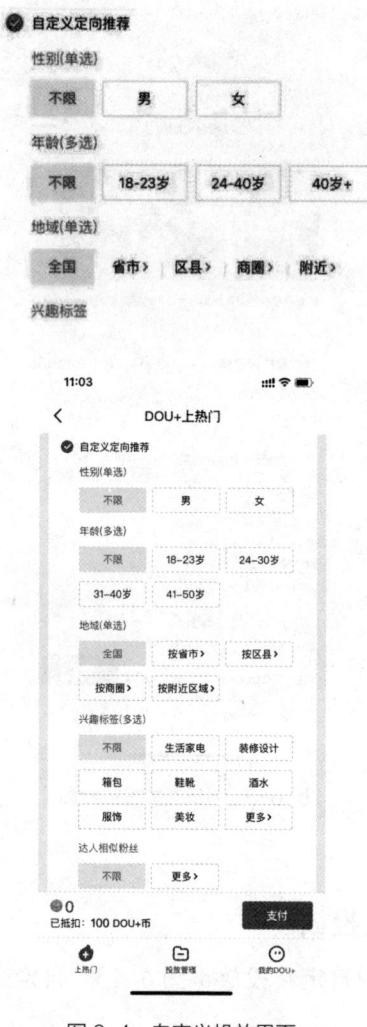

图 6-4 自定义投放界面

6.2.3 达人相似投放

第三种方式叫达人相似粉丝投放，也就是说你可以选择想投放给哪些达人的粉丝（图6-5），即你投放的时候，不仅可以按照别的条件投放，也可以投放给达人账号的粉丝，让达人的粉丝能够看到你。餐厅做加盟类的账号很适合投放这种投放方式。因为一般关注一些餐饮IP账号的都是对餐饮感兴趣或者想准备做这类项目的。直接投放达人的粉丝，是非常精准的。

图6-5 达人相似粉丝投放界面

6.3 抖音八级流量池

抖音视频不管质量好坏，视频在发布成功后会随机分配300~500人的流量池。这些人会根据视频的质量对视频进行点赞、评论、转发，随后抖音会根据这些反馈情况，判定这个视频内容是否受欢迎，决定是否继续将视频推入下一个流量池。在视频发布过程中，通过适当的抖加投放，可以助力视频进入更大的流量池。

6.3.1 详解抖音八级流量池

按流量等级来划分，抖音一般会被分为8个级别的流量池。只要达到相关标准，就会被推送到下一级别的流量池获得更多的流量。

一级流量池：300~500播放量。

这个属于初级流量阶段，每个发布的视频基本都能获得这个流量。

二级流量池：1000~3000播放量。

在这个区间说明作品内容还不错，点赞、评论热度有所突破，系统开始进一步推送流量。

三级流量池：5000~10000播放量。

可适当投放抖加，实时关注评论量、点赞量的提升，看能否突破下一级流量池。

四级流量池：5万~10万播放量。

有这个播放量的属于小热门作品。一个新账号只要出现一条作品达到这个流量池，账号标签就基本打上了。

五级流量池：30万~70万播放量。

我们经常说一个作品上了热门，基本上就是指该视频的播放量达到30万以上。

六级流量池：100万~300万播放量。

作品进入大热门流量池，一般达到这个播放量，基本上能实现一夜涨粉5000~10000。

七级流量池：300万~1000万播放量。

能够达到这个数据，基本上已经突破了原赛道和品类垂直类目，抖音开始进行全站推流。

八级流量池：1000万+播放量。

如果视频达到1000万以上的播放量，代表你的作品进入全国级流量池，甚至有可能直接上抖音热榜。

> **小贴士**
>
> 抖音推送规则=A★完播率+B★评论数+C★点赞数+D★分享数（A、B、C、D会根据整体算法实时调整）

6.3.2 抖加投放不成功原因

在抖加的投放过程中，并不是只要你有钱就一定能花出去，有时候也会碰到自己的视频无法投放的情况（图6-6）。以下介绍的是八种抖加投放不成功的情况，大家在投放的时候一定要注意。

（1）视频质量差

视频内容比较模糊、视频拉伸画面比例不协调，观看后让人感觉不适。

（2）涉嫌搬运视频

视频上有ID号、账号状态标签为搬运号、明显截取其他视频内容、录屏视频、视频中出现其他平台水印。

（3）内容不合规

视频内容低俗含有软色情，视频内容令人不适，视频内容不符合本平台的调性，视频含有非正向价值观。

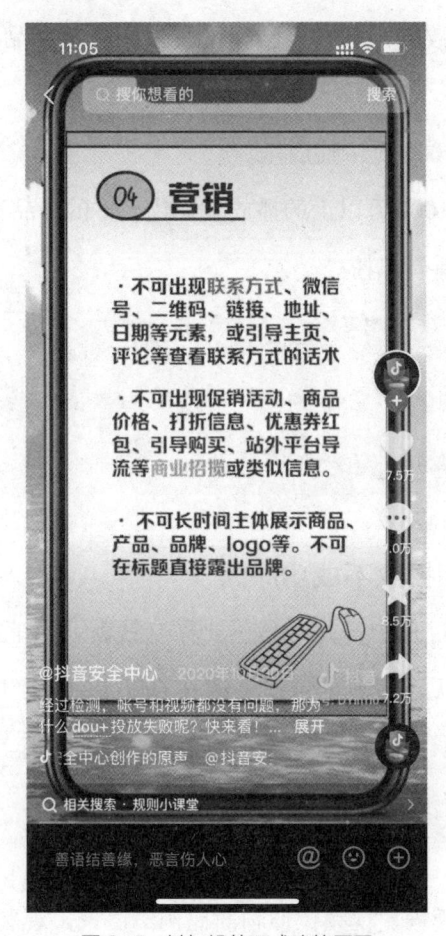

图6-6 抖加投放不成功的原因

（4）隐性风险类

视频或文案中出现广告、医疗养生类、抽烟喝酒的行为、违规饲养野生动物、疑似赌博的场景。

（5）明显的营销、广告类视频

视频内容中含有明显的品牌定帧、品牌词字幕、品牌水印、口播；视频背景中含有明显的品牌词、商业元素。

（6）未授权明星/影视/赛事类视频

视频涉及侵权，无法使用抖加。

（7）视频标题和视频描述包含以下元素，无法使用抖加

联系方式：电话、微信号、QQ号、二维码、微信公众号、地址。

招揽信息：标题招揽、视频口播招揽、视频海报或传单招揽、价格信息、标题产品功效介绍。

曝光商标：品牌定帧、商业字幕、非官方入库商业贴纸、指向性的企业店铺名称。

6.3.3 餐厅抖音如何投抖加

（1）视频1小时内播放超过3000，马上投抖加

上文介绍了视频发布后不要马上投抖加，而是要等视频跑一跑自然流量再投。对于餐厅号来说，视频在1小时内播放量超过3000基本上就可以考虑开始投放抖加了，一般会持续加热。

（2）评论点赞热度上升，继续投放抖加

一般情况下，如果评论数超过100，播放量超过5万，可再加投一次抖加。但要记得不要投粉丝量，而要投点赞、评论量，因为热度带来的粉丝量远比投粉丝量带来的粉丝要精准得多。

（3）根据视频热度可再次投放抖加

5天内播放量超过10万可第三次加投抖加，这样视频播放量有可能超

过 30 万。

（4）菜品视频选饭点前投抖加

如果是菜品视频，投抖加时尽量选在饭点前 1 小时，比如 11：00 左右，17：00 左右。因为刚好是大家要吃饭的时候，此时发布一些菜品视频更容易引发人的点赞和评论。

（5）积极回复评论

在投放抖加后，不管差评好评，都要积极回复。因为抖音的总评论数是叠加的。评论区的持续互动，可以很好地增加视频的热度。

（6）投放时长选 24 小时

餐厅抖加投放时间最好选择 24 小时。只有抖加投放的时间拉长，抖音才能够进行精准匹配，把你的视频推送给与你账号的标签相匹配的用户。

> **小贴士**
>
> 记住以上六点，只要你的抖音号出现一条大热门，播放量超过 200 万，就能一夜间涨粉 5000 到 1 万。就算是小爆款能达到 50 万以上的播放量，也能涨几千粉丝。所以，在投放抖加以后，要实时关注视频的数据，不能投放抖加以后就不管了。

本章抖音行动清单：

1. 当视频播放量超过 3000 时，尝试投放抖加。

2. 抖加投放选择点赞和评论。

3. 积极回复评论区用户的留言。

4. 早晚饭点前 1 小时分别发布一条视频，看一下数据区别。

第 7 章
巧用工具，让餐厅抖音运营更专业

在抖音的运营过程中，为了使视频更快地进入更高级的流量池，需要借助一些专业的工具来提升运营的效率。这样无论是在视频的剪辑阶段还是在发布阶段，都能少走一些弯路。本章将详细分享对餐厅非常实用的抖音运营工具。

7.1 文案运营类工具

很多人在发抖音时不知道怎么写文案。其实对于抖音来说，文案也是重要的一个部分。

以下介绍一些主要的运营和文案相关的网站，对于一些文案薄弱的运营者来说，可以起到辅助作用。

7.1.1 百度指数

百度指数可以告诉你某个关键词在百度搜索的规模有多大以及一段时间内搜索的趋势。

通过百度指数，可以了解当下的热点、搜索热词，当然抖音也有自己的热点榜，结合百度指数、微博风云榜，基本上就能收集到全网所有靠前的热点了。

7.1.2 易撰

易撰平台是基于大数据分析的平台，只要输入相应的关键词，就能帮你生成一些简单的文案，特别适合新手小白写文案时使用（图7-1）。

7.1.3 微博风云榜

虽然目前微博已经不再是主流App了，但是其影响力还是不容小觑。

微博风云榜也是目前搜集热点的一种方式。

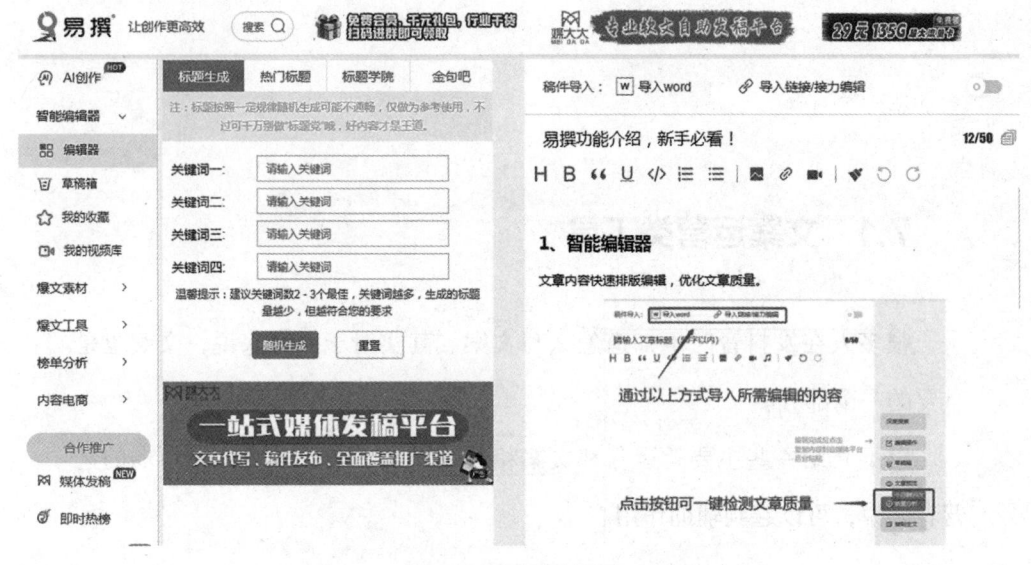

图 7-1　易撰网站界面

7.2　图片编辑类工具

很多餐厅老板都是设计小白，这个时候就会考虑是否要招聘一名设计师。其实，现在有很多傻瓜式设计网站，只需要把内容填充进去就可以完全套用模板，非常方便。

7.2.1　图片查看软件——2345看图

很多电脑自带的看图软件并不是很好用，2345看图软件的功能比较强大，很多文件比较大的图也能够轻松打开。

7.2.2 Photoshop

PS（Photoshop）是目前比较专业的图片处理工具，在抖音运营中，如果适当学习一些简单的 PS 技巧，可以制作出更漂亮、更专业的图片。

7.2.3 搞定设计——创客贴

很多餐厅老板想自己设计海报，不用找设计师，自己用手机拍好照片，然后套用这个软件平台的模板，轻轻松松就能设计出一张海报。虽然没有 PS 那么专业，但是也能够应付一些简单的场景。

7.3 视频剪辑类工具

目前市面上有非常多视频剪辑工具，抖音官方也推出了自己的剪辑工具——剪映，功能非常强大，对于剪辑小白来说上手比较简单。

7.3.1 视频剪辑软件——剪映、Premiere

剪映是抖音官方推出的一款视频剪辑软件，分为电脑版和手机版。手机版操作起来更方便，电脑版操作起来视觉感更强。剪映包含各种实用功能、转场音效、语音识别，功能非常强大，同时有很多漂亮的制作模板可以直接套用。

7.3.2 视频播放软件——腾讯影音、Pot 播放器

如果在电脑端操作剪映的话，需要下载一个视频播放器。笔者推荐腾讯影音或者 Pot 播放器。腾讯影音能将视频保存为 gif 格式，Pot 播放器占内存很小，使用起来速度很快很流畅。

7.3.3 音乐平台——酷狗音乐

有时候我们需要下载一些 MP3 格式的音频作为背景音乐，这里推荐使用酷狗音乐，因为酷狗音乐能下载 MP3 格式的音频文件。

7.4 数据分析类工具

无论你做什么行业，做数据分析都是一项不可欠缺的技能。目前针对抖音运营来说，数据可以暴露一些本质的问题，比如抖音的视频作品播放量下滑、完播率下滑等，想要知道实际原因和解决办法，最终都离不开数据分析。

数据分析可以指导我们调整和优化运营策略，可以分析用户的活跃时间点，以及竞争对手发布视频的活跃点、粉丝画像、电商分等。其实，抖音自带的后台就能分析数据，但是借用其他数据分析类工具，能更全面、更系统地了解每条视频的数据，从而为下一步做好决策。

7.4.1 抖查查

抖音能提供抖音达人、商品、直播、短视频、小店等多维度数据分析服务，为商家提供智能匹配达人及一站式抖音营销服务。抖查查也是很好的选择，它有三大板块、九大功能：创意洞察、抖音排行榜、数据分析。它是功能非常强大的数据平台。抖查查网站如图 7-2 所示。

抖查查绑定了自己的账号以后，不仅可以监测抖音账号的数据情况，通过直白简单的表格告诉用户短视频的各项数据，而且能总结抖音热门视频的内容规律，很适合新手朋友们使用。

第 7 章 巧用工具，让餐厅抖音运营更专业

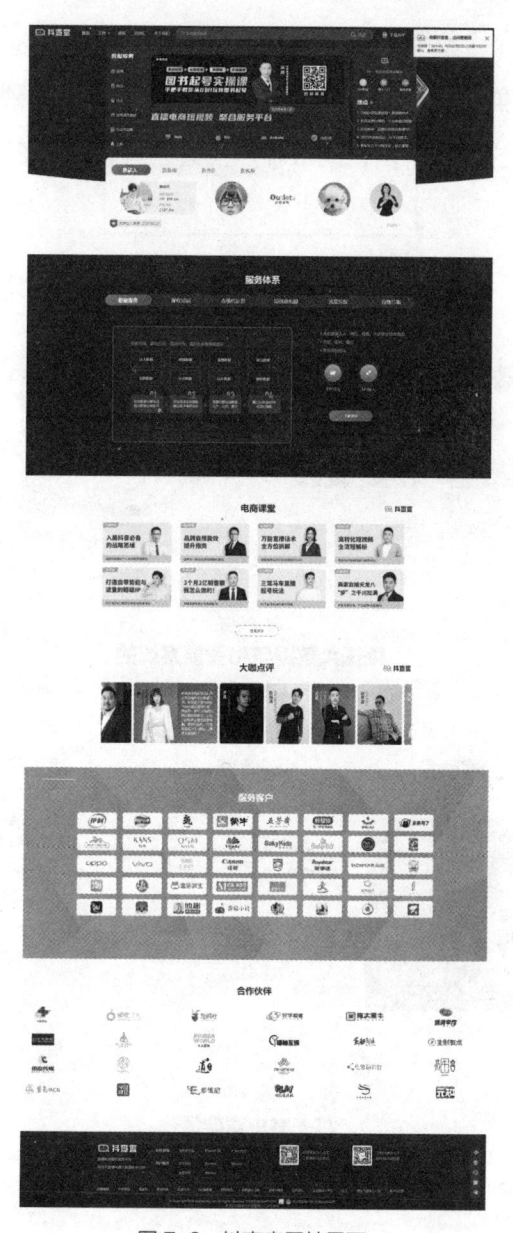

图 7-2 抖查查网站界面

7.4.2 飞瓜数据

飞瓜的功能很齐全，可以做单个抖音号的数据管理，查看日常的运营

情况；也可以对单个视频做数据追踪，知晓它的传播情况。除此之外，通过飞瓜数据，还能搜集到热门视频、音乐、博主等，查到热门带货情况。如果你是做专业的抖音营销，或帮客户代运营抖音，那么，飞瓜数据是必备的工具（图7-3）。

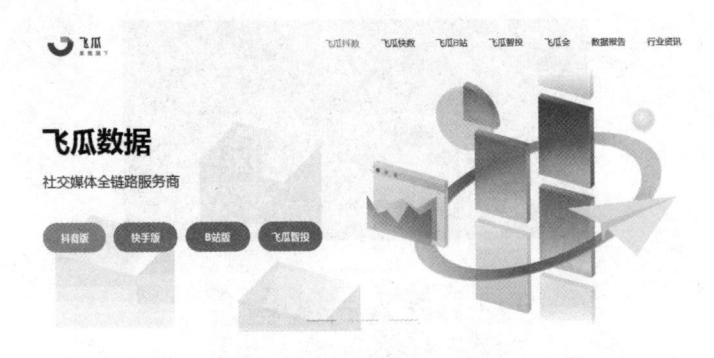

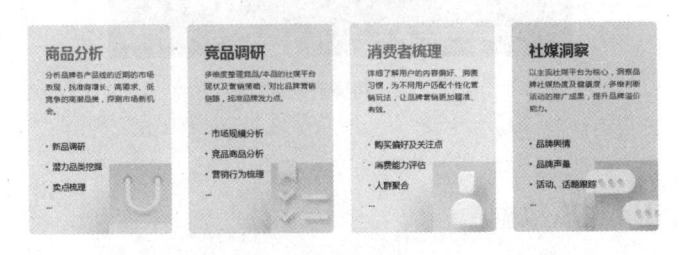

第 7 章　巧用工具，让餐厅抖音运营更专业

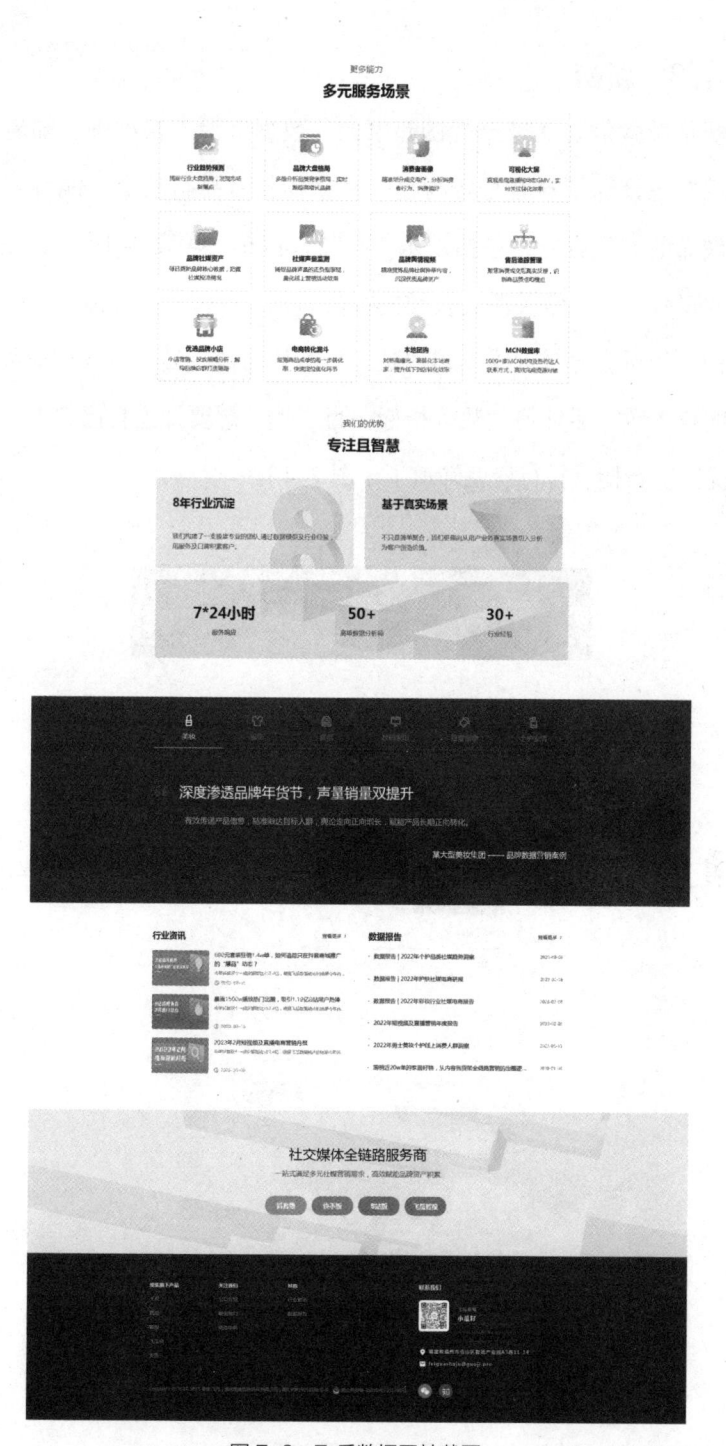

图 7-3　飞瓜数据网站截图

7.4.3 新榜

新榜是做微信公众号排行榜起家的,数据资源丰富准确。随着抖音的爆火,现在也开通了抖音号排行榜。在新榜抖音排行榜上,能查到各个领域排名最靠前的抖音号,包括娱乐、科技、汽车、美食等19个领域。作为餐厅类的账号,要经常关注美食类的排名。

新榜上的抖音号数据维度很清楚:新增作品数、转发数、评论数、点赞数、新增粉丝数、累计粉丝数等指标一目了然。想要知道自己抖音号所在领域的情况,上新榜看排行榜就知道了(图7-4)。

图 7-4 新榜网站界面

本章抖音行动清单：

1. 进入易撰网页平台，尝试智能文案撰写功能。

2. 使用稿定设计平台，制作一张简单的抖音封面图片。

3. 使用抖查查等工具，查询抖音账号相关的数据分析。

第8章
变现第一，餐饮店抖音如何快速变现

我们做抖音的最终目的是什么？其实既不是粉丝，也不是点赞量和评论量的提升，做抖音最核心的目的就是能够变现。如果我们不在一开始就确定这个目标，即便账号流量再高，有再多爆款，如果不能变现，所有的一切都将是无用功。本节将详细分享餐厅抖音号最常见的六种变现方式。

8.1 引流卖货变现

抖音经过几年的发展，目前的闭环已经做得非常成熟了。对于餐饮行业来说，现在最直接的变现方式就是通过抖音卖货。抖音引流卖货变现有以下几种主流的变现方式。

8.1.1 门店团购及代金券变现

目前抖音团购是餐饮行业比较常规的引流变现模式。餐厅通过短视频的流量，吸引客户点击左下角地址链接，给门店引流，同时售卖团购及代金券，从而提高门店营收。关于餐厅抖音团购，必须注意以下三点：

第一，2022年6月1日开始，抖音平台开始由免费变为抽2.5%的佣金。

第二，抖音团购门店必须先上传门店POI地图地址标注。如果门店没有申领地图标注地址，就没办法上线抖音团购。

第三，申请团购资质必须提前上传两证，所有申请抖音团购的餐厅都必须具备营业执照和食品经营许可证，两证缺一不可。

8.1.2 抖音卖产品变现

除了门店团购变现外，餐厅还能通过抖音直播卖产品变现。和抖音团购最大的不一样是：抖音团购更多的是通过线上购买再到店体验的方式。直播更多的是类似电商的模式，用户不用直接到店，产品通过快递寄送到家。抖音卖产品有以下几种变现方式。

（1）直播带货变现

餐厅行业抖音直播带货主要有两种方式。一种是通过直播教做菜的形式，然后卖料包。这种风格的抖音博主一般会直接跟工厂合作，前端视频只负责引流，后端制作都交给专业的食品工厂做。大家看到的视频上什么纯手工制作的，后端基本都是工厂生产的。另一种是自己有工厂或者供应链以前是做B端的。近两年受环境影响比较大，B端的下单量变少，于是很多中央工厂开始转型直播做C端带货，从B端直接转到C端。

（2）橱窗挂链接卖货

目前在抖音上有很多拥有近千万粉丝的账号都是通过橱窗挂链接卖货变现的。类似湘野红姐这种账号（图8-1），一年的销售额有将近千万元。她的视频风格是拍摄一些常见湘菜的做法，然后橱窗挂链接售卖特产、酱料之类的产品。湘野红姐的后端可以直接跟供应链合作，这样账号只需要把视频拍好就行。

（3）直播打赏变现

这种账号主要是通过一种特殊的表演方式，比如波哥炒粉这类账号，通过街边炒粉等表演形式，吸引粉丝观看，在线直播打赏。但是目前打赏这种变现模式遇到了比较大的瓶颈，毕竟餐饮的本质还是产品，用户更多的还是关注产品而不是表演。

（4）分销食材酱料

这种变现方式主要让用户加到微信私域，然后售卖一些酱料、卤料包之类的产品。这种方式一般适合 B 端有自己的工厂，这样能一次性解决物流和配送的问题，然后分销一些大工厂的料包。

图 8-1 湘野红姐抖音橱窗

8.1.3 售卖课程变现

目前培训是餐饮在抖音上变现的主要路径之一，也是个人 IP 变现的主

引爆餐饮抖音：吸粉、引流、变现全攻略

要路径之一。个人 IP 将录制好的课程打包然后放在橱窗售卖（图 8-2）。这种变现方式的边际成本非常低，只要录制一套课程就可以无限卖，后期几乎没什么成本。像抖音头部 IP：贺治锟聊餐饮，一年变现近 1000 万元。有了大 IP 人设以后，每天只需要在抖音分享一些创业开店知识，开通抖音小店，最后在抖音上卖课程。同时，通过这种课程还可以线下做类似私董会的成交，一般私董会的成交金额在几万到十几万元不等。

图 8-2　在抖音上售卖的餐饮课程

8.2 招商培训变现

现在传统的招商渠道的招商效果越来越差，因为抖音有巨大流量入口，所以很多餐饮品牌开始通过抖音进行招商。主要是由于传统的招商渠道面临两个大问题：一是传统招商渠道投资回报率大不如前；二是抖音招商的成本相对要低很多。抖音招商培训变现有以下两种方式。

8.2.1 招商加盟变现

通过抖音获取加盟商资源，目前是一些餐饮品牌主流的变现渠道。通过拍摄一些门店生意火爆的视频，来获取加盟商的客户资源。如果你的模式好，内容比较优质，自然会有人通过评论或者直接私信你咨询加盟。但是根据笔者的经验，通过这种方式来咨询的大部分客户都是支付能力不太强的客户。笔者曾经运营一个号，一个月有将近100多条客户线索资源，但是基本上投资预算都在10万元左右，所以如果是动辄几十万元的投资，就算你粉丝再多，视频播放量再高，在抖音上都是非常难成交的。所以如果你的餐饮项目投资比较重，一家店的投资动辄上百万元，那么想通过抖音来实现招商加盟变现将会非常困难。

8.2.2 收学费卖技术变现

账号通过现场教学的形式，吸引对餐饮有兴趣但投资预算不太高的人。目前很多连锁餐饮品牌开始降维打击，从原来收加盟费的模式变为这种低价收徒的模式。对于一些潜在客户来说，只要稍微交点学费就能学习一些技术，不需要在店面装修上花很多钱，投资比较少，目前这是很多餐饮品牌的变现方式。

8.3 私域流量变现

除了一对一和用户沟通，也可以通过抖音搭建自己的私域流量，建立自己的粉丝群。同时，在私域群中，可以让用户留微信等联系方式，这样后期也可以通过微信来进行交易。私域流量变现有以下几种方式。

8.3.1 抖音代运营变现

因为很多餐饮品牌并没有专业的抖音运营团队，所以他们会考虑将抖音运营进行外包。所以，市场上出现了很多抖音代运营公司。他们通过全托管的形式帮助你的抖音加粉、引流，基本上不需要自己动手就能把账号做到上万粉丝。目前市面上主要有两种类型的抖音代运营公司。

（1）收取年度费用

代运营公司一般会承诺在一定时间内帮你把一个抖音号做到多少粉丝。这个费用一般在10万~20万元。笔者有朋友花19万元请代运营将一个号做到了2万粉丝，当时做的是剧情号，但是发现后面变现很难，品牌方自己接手后粉丝量就上不去，后期再也没有续费。

（2）按月收取代运营费用

笔者之前请过一个抖音外包团队做代运营，2800元一个月，总共发了10条视频。虽然视频拍得很好，剪辑得也算不错，但是视频的播放量最高的也就3000多。

> **小贴士**
>
> 把抖音账号的运营希望寄托在代运营身上是完全不可取的。因为

> 代运营公司一般都不止一个客户，他们不可能沉下心来帮你运营这个账号。而且代运营公司很多都只懂一些表面的东西，他们无法很彻底地了解一个品牌。要想运营好一个账号，首先要非常了解餐饮品牌的产品和模式。

8.3.2 一对一咨询变现

一对一咨询变现也是通过私域成交的形式。这种变现方式一般要求粉丝具有一定数量级的个人IP，有一定的粉丝量和人气，在行业内有自己独到的见解。这样用户就愿意花钱进行一对一的咨询，比如怎么拍短视频，怎么写文案，怎么投抖加等。一般通过抖音粉丝群，然后通过加微信在线下成交。

本章抖音行动清单：

1. 确定抖音账号变现的路径。

2. 尝试开通抖音小店和抖音橱窗。

3. 了解当地抖音代运营的运作方式。

4. 开通抖音账号粉丝群。

第9章
玩转抖音，开启餐厅娱乐营销新时代

面对越来越激烈的市场竞争，餐饮行业原来的营销方式和引流方式产生的效果正在逐渐下滑。当下，餐饮行业唯有寻找新的引流获客途径，才能打破瓶颈赢得市场。现如今，抖音、快手等短视频平台为餐饮人、餐饮行业注入新的生机。其中，"抖音团购"因为能实实在在帮商家真正解决引流的问题而备受追捧，本章将详细介绍商家如何轻松玩转抖音团购。

9.1 快速了解餐厅抖音团购

相比于大众点评团购的主动性购买方式，抖音团购更偏向于被动性。大众点评的主动性比较强，一般是用户知晓品牌以后通过主动搜索然后购买。抖音团购的主要逻辑是通过短视频的内容刺激用户购买，非常具有随机性和被动性。

9.1.1 抖音团购优势

团购这个概念最先是由美团提出的，抖音如今大举进入，与美团抢夺地盘的意图再明显不过。从十年前团购网站爆发到今天，餐饮的团购模式走过了一条很长的道路，如今团购模式也变得越来越成熟。抖音目前作为下载量最大的APP之一，接入本地生活，目的就是更好地将流量变现。相比于其他线上引流平台，抖音团购有以下几个方面的优势：

（1）流量优势

抖音目前日活用户超8亿，覆盖绝大多数的消费人群，其中，16~35岁的用户人群占比在78%以上，这部分人群的消费力是非常强的。抖音因为有如此大的流量入口，理论上，所有这些流量都可以变成消费流量。此外，从用户黏性来看，2020年9月以来，抖音用户平均每人每天使用抖音75分钟。注意力就是流量，流量就是生意。而在抖音上，餐饮相关的从业者至少在 3000 万以上。所以，对于餐饮商家而言，抖音仍然具有大量的挖掘空间。

（2）用户优势

相比大众点评，抖音的用户基数更大，用户范围更广。过去，团购市场几乎被大众点评垄断，而抖音作为一个内容分享平台，正在成为大众点评未来最大的竞争对手之一。其实现在很多餐饮商户对美团的态度可以说是模棱两可。第一个是因为点评佣金居高不下，第二个是因为点评的流量相对比较封闭，有时候不花钱，不打很高的折扣，店铺几乎就没什么流量。抖音作为完全去中心化的一个平台，不需要花钱就能获得免费的流量。

（3）内容优势

抖音在开通团购功能之前，平台就已经有非常多的吃喝玩乐相关的内容了。因为所有人都想在抖音获得流量，所以大家都绞尽脑汁在抖音发布各种类型的视频。这样就导致抖音的内容越来越多，类型越来越丰富。所以近两年我们也经常刷到一些做得很不错的餐饮类抖音号，有剧情类的，有搞笑类的，也有个人IP类的，等等。更多样的内容才会吸引更多的人看，而更多的人看又会促使更多的人上传更多的内容，这样形成了良性循环。所有的这些都会导致抖音的内容库越来越庞大，甚至我们现在可以发现很多人开始通过抖音而非百度搜索自己想要的结果。

（4）公平优势

和以往其他所有互联网平台不同，抖音最大的特色就是去中心化。在短视频这个赛道上，即便再小的餐饮企业也能有足够的机会去跟大企业同台PK。不管是大企业还是小企业，抖音对它们都是公平的，小企业也有可能获得大量的曝光，也有可能因为一个视频而上热门。而这种公平，就来自抖音的去中心化算法推荐机制。

9.1.2 如何设计团购套餐

上文笔者分享了团购是餐厅主要的变现方式之一。很多人都知道餐厅要做抖音，要上团购，但是不知道如何设计团购。对于餐厅来说，好的团购套餐的设计不仅能帮餐厅引流，也能帮餐厅带来更多的目标客户。

（1）团购必上引流款

餐厅的抖音团购现在竞争非常激烈，价格战打得也异常凶猛。餐厅做抖音团购时，必须要做一个平衡，既要让自己的店面有流量进来，也要让自己的店面有钱赚。怎样让餐厅有更多的流量进来呢？首先要做的就是设计一款流量爆款，因为大部分抖音客群的支付能力相对一般，设计一款引流爆款能在短时间内把销量和热度冲上去。

同时，流量爆款还能冲城市热门榜单以及拉高店铺的权重。比如：如果你是做长沙小吃的，可以拿臭豆腐或者糖油粑粑这种来做引流款，这种产品成本非常低。三、四线城市只要抖音团购销量超过 2000 份，基本上就可以冲到当地城市热门榜前五。一、二线城市只要销量超过 5000 份，基本可以冲到热门前三。我们做流量款的核心目的就是冲销量，从而带动其他套餐的销量。

（2）其他套餐不低于七五折

前面我们有说明，在设计团购套餐时，餐厅需要靠一款低价产品来引流。但是用户的需求是多样性的，用户进店以后，是不是还会选择了其它产品呢？在做抖音团购套餐设计的时候，最好不要全部都做不赚钱的低价

171

套餐，因为这样吸引的都是消费能力不高的客户，套餐卖得越多亏得越多，这样即便是销量再好也没什么意义。除了引流款，在设计其他套餐的时候，建议整体折扣不要低于七五折。同时，在套餐搭配时最好做到能包含爆品、干湿搭配、荤素搭配，套餐既要有主食也有小吃，最好还能有饮料或者甜品搭配。为了让顾客吃完能主动拍照发朋友圈或者抖音，套餐的菜品花样要尽量多，摆盘比较丰富，出品很美观。只有这样，用户吃完才会主动帮你宣传。

（3）连锁品牌上同款套餐，叠加热度

如果你的餐厅是连锁餐厅，可以通过一个总账号把其他分店的账号绑定在总账号下面，所有门店对外销售同一款代金券或者套餐。这样做的目的是让每家店对外展示的抖音团购销量是叠加的。比如一家店销量是1000，你有10家店绑定在一家，你的抖音团购对外所有的销量就是10000份。这样一来，你的销量数据对于所有门店都是同步的，可以带动所有门店都有机会上抖音销量热门。

（4）设计一款全场通用代金券

对于一些高客单价的正餐，为了引流，我们需要设计一款能全场通用的代金券。因为套餐和引流产品使用的范围有限，全场通用的代金券能给客户更多的选择。但是这个代金券的门槛一定不能设计得太高，比如95抵100、195抵200等，这种门槛高的券一般销量都不会太好，这样做起来几乎没什么意义。我们做抖音套餐或者代金券的目的还是把销量做上去，把顾客吸引到店里。

9.1.3 抖音团购对行业的影响

抖音团购的出现，在一定程度上抢占了很大一部分市场份额，也彻底改变了原来美团点评的市场垄断地位。不管是从商家的角度还是消费者的角度都是有利的。本节将从三个角度阐述抖音团购对行业产生的影响。

（1）对于整个行业来说

抖音的来临意味着流量体系的重建。以美团为首的 1.0 时代，流量全部被平台头部垄断，由于手机屏幕就这么大，消费者能够第一眼看到的就只有这么多内容。所以商家想上美团平台的前两页，就必须花钱做推广。这样对于一些新店和特色创业店来说，是非常不友好的。但是抖音对所有商户几乎都是平等的，这也就让更多的商户在抖音上站在同一起跑线上。

抖音团购通过平台流量去中心化的方式，让在这个平台上生存的大买家或者小卖家，不再通过付费的方式购买流量。让你用心打磨视频，打磨自己的产品。抖音团购采用去中心化的流量算法，只要你输出的作品好，能够被广大用户认可，平台就会给你流量。这样对于中小商家来说，就有机会把自己的品牌做大，同时也符合国家鼓励中小企业发展的政策战略。抖音的出现彻底打破了美团点评的流量垄断地位，这对餐饮这个民生行业来说是一个绝对利好的消息。

（2）对于餐饮商家来说

抖音团购模式的兴起促使所有商家流量获取的成本大大降低。抖音极大程度上解决了大众点评流量垄断的问题，避免了平台间内卷。之前需要花钱开通的团购，现在在抖音上变成了免费，之前的抽成比例，现在也有所降低，随之而来的是商家的利润得到了提升。这些都非常有利于餐饮行业的整体发展。

（3）对于消费者来说

抖音团购的多样化让消费者有了更多的选择。之前我们想要购买一个团购，就只能选择美团点评团购。抖音出现以后，让消费者看到更多的可能性，甚至在抖音上能获得更大的优惠。这样的结果就是，整个行业进入良性竞争，消费者满意度变得更高。

9.2 如何申请门店 POI 地址

在申请抖音团购前餐厅首先要做的就是帮门店申请 POI（地理定位）。抖音团购所带的地址属于内嵌地图，是完全同步高德地图的地址。也就是说，如果高德地图上没有门店的地址，抖音是没有办法认领地址的，餐厅也没有办法上团购。

9.2.1 什么是抖音 POI

在申请 POI 之前我们需要先了解什么是抖音 POI。POI 的全称是 Point of Interest。它是抖音中的地理定位，是抖音企业号享受唯一 POI 地址认领的特权。商家可以通过 POI 页面向用户推荐商品、优惠券、店铺活动信息等。用户通过点击进入这个入口之后，可以进入 POI 详情页，还可以看见该定位地址下的所有视频内容。通过抖音 POI 地址入口的扶持，POI 变成用户兴趣爱好和推广线下门店的桥梁。由此可见，POI 是所有餐厅在抖音上非常重要的引流入口。

9.2.2 如何快速申请认领 POI 地址

在认领门店 POI 之前，首先要做的就是帮门店申请地图标注。由于抖音系统内嵌的是高德地图，所以一般只要高德地图上有门店的地址，抖音在 2 小时内就会把地址同步过来（图 9-1）。如何让高德地图尽快抓取自己的地址呢？其实非常简单，整个申请过程全都是免费的。

图 9-1 高德地址和抖音地址同步

（1）上传高德地图的方法

一般门店上传高德地图有两种方式，一种是系统抓取其他平台如大众点评或者百度上的地址，另一种是自己主动提交地址。但是系统抓取地址有两个弊端：一是定位不太精准，二是审核通过速度比较慢。自行提交地址审核速度比较快，而且位置相对比较精准，一般24小时之内就会通过审核。

（2）如何申请高德地图地址

申请高德地图地址流程非常简单，只需要五步就可以完成（图9-2）。只要资料齐全，申请通过的可能性几乎是100%。以下是申请高德地址的步骤：

图9-2 高德地图申请门店地址

第一步：打开高德地图。

第二步：点击"我的"。

第三步：添加店铺。

第四步：上传门头和营业执照。

第五步：等待审核结果。

（3）抖音如何认领门店地址

在门店将POI申请下来以后，下一步就需要将门店的POI认领过来。所有的门店地址具有认领的唯一性。也就是说，任何一个地址只能被一个账号认领。如果认领的地址为企业号对应的地址，需要上传企业号认证时提交的营业执照和食品经营许可证。如果希望认领的POI地址已被他人认领，那么需要企业号提供类似商标许可证等相关证明，重新发起认领申请。申请以后，该POI地址的所有者将收到您的申请，如果同意授权，那么您可以拥有对该POI地址的同等管理权限。

（4）抖音如何取消认领门店地址

抖音在认领了门店地址后是可以取消的。商家可以在【门店管理】—【门店关系管理】—【门店状态】下操作，点击"取消"，这样地址认领就可以取消了。需要提醒的是，门店被解绑以后，商家将无法再管理此门店。对于商家来说，认领地址可以有效地提高店铺流量，吸引更多附近的朋友前来店铺，所以经营实体店铺的商家想要提升门店在抖音的曝光率，地址认领这一步是非常重要的。

（5）为什么门店无法认领POI

在认领抖音地址时，也会遇到认领失败的情况。如果抖音认领不了POI

地址或 POI 审核不通过，主要可能是以下两种情况：

① **营业执照地址和认领地址不一致**

如果认领地址不成功，可能是因为认领时营业执照非最新的营业执照，此时需要重新核对认证企业号时提交的注册营业执照，需保证营业执照地址与认领 POI 地址完全一致。

② **抖音地址没有同步**

商家找不到自己的门店地址，原因可能是抖音还没有同步高德地图中的地址，这个时候可以在抖音地址中搜索地址定位，确保抖音已同步高德地址。如果高德地址还是没有同步到抖音地址，可以向抖音客服反馈该情况，让客服帮忙解决。

9.3 如何打造抖音金牌门店

抖音账号申请了企业号以后，就可以在抖音搭建线上的店面。通过对各类数据多维度的呈现，抖音将线上门店分为金牌、银牌、铜牌三种店型。这三种店型代表了门店等级的高低，等级越高，线上门店的品牌价值感越强。

9.3.1 什么是经营评分

经营评分是抖音线上门店评分体系，是抖音判断线上权重的一个多维度综合指标，抖音对于经营评分高的店会给予更多的权重和曝光。所以对于所有的抖音商家来说，一定要重视抖音线上的经营评分（图 9-3）。

图 9-3 抖音线上门店经营评分

9.3.2 为什么要提升经营评分

经营评分代表一家店铺在抖音平台上的综合表现，包含销量、优惠力度、客诉等多维度因素。平台会根据经营评分的高低筛选优质本地商家，进而将商家优质的商品及服务在平台上进行重点推荐。持续提升经营评分，可以持续解锁平台开放的权益。商家当前可解锁官方账号保护、经营诊断、视频及直播诊断服务优惠、抖加优惠、专属标识、流量扶持等多项官方权益。权益将在每月最后一天统一生效。经营评分高的商户能获得更多的曝光和流量。

9.3.3 如何快速提升经营评分

提升经营评分最主要的就是三个因素：销量、评分、评价回复率。为了提升抖音门店的综合线上评分，最主要的是做好以下三件事情。

（1）提升套餐销量

做抖音团购的唯一目的就是冲销量，团购套餐销量高的门店能够帮门店带来很多抖音的自然流量，促进门店在抖音上有更多的曝光。

（2）提升评分

评分主要针对的是门店的口味、环境、服务。如果想要用户给更高的评分，就要在门店本身的口味、环境、服务上下功夫。特别是通过抖音套餐消费的客户，一定要从侧面引导他们给出好的评价。

（3）及时回复评价

商户针对抖音上用户给出的评价，不管是好评还是差评都要及时回复。评价回复率也是抖音线上经营评分的一个重要维度。

9.4 详解抖音来客

为了更好地进行数据管理，抖音专门推出了一款为本地生活商家服务的经营平台——抖音来客。抖音来客是抖音生活服务商家的经营平台，商家入驻后可以在这里发布团购优惠套餐及代金券等。在绑定抖音账号后，通过短视频、直播、门店POI等渠道可以将团购商品展现给用户。用户从线上购买，然后线下到店消费，达成提升客流、助力经营的效果。

9.4.1 抖音来客平台简介

抖音来客类似于一个商家管理后台，通过抖音来客，商户可以在后台进行团购上传、数据查看等操作，能够系统地对抖音线上数据做统一化管理，操作起来非常便捷。

（1）哪些商家可以申请入驻抖音生活服务平台

目前可以入驻的行业有：美食、住宿、游玩、休闲娱乐、丽人等本地行业，实际入驻资格以门店认领审核结果为准。抖音来客对于餐饮商家运营还是有很大好处的。有了抖音来客以后，商家后台的管理将更加规范化、标准化、数据化。

（2）入驻抖音来客需要缴纳费用吗

目前入驻抖音来客不需要缴纳任何费用，只需要具备相应的资质就可以申请。只有在团购订单形成且用户完成核销后，平台与商家结算订单时会收取一定比例的平台服务费，目前餐饮行业是按实际营收的2.5%抽取佣金。

9.4.2 抖音来客功能介绍

抖音来客致力于为商家提供一站式经营服务，通过后台模块可以非常清晰地对数据进行更好的管理。抖音来客具有以下基本功能（图9-4）。

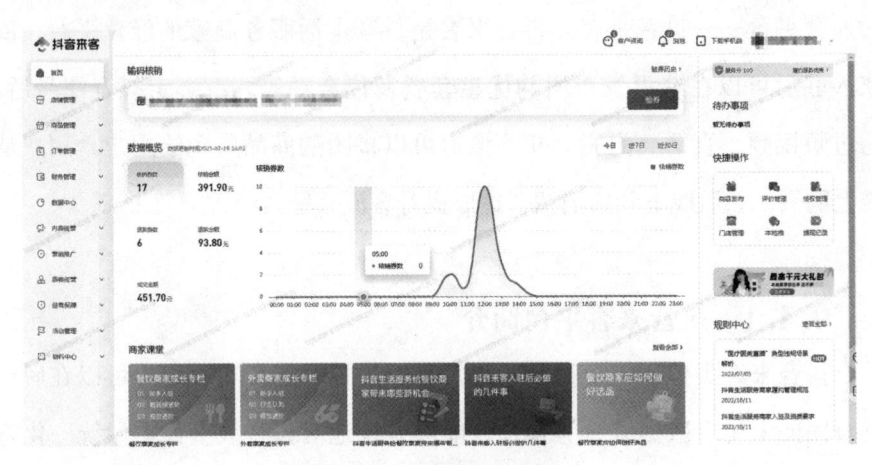

图9-4 抖音来客后台界面

（1）【店铺管理】门店入驻更快捷，商家轻松能入驻

抖音来客的入驻流程非常简单，新商家入驻后可以认领门店、管理信息和图片、上架商品，跟着新手任务的指引，快速学会新手必备技能，帮助餐饮商家轻松入驻。

（2）【账号管理】账号体系更完善，权限配置更灵活

抖音来客支持餐饮品牌连锁商家设置分店账号，并支持多种账号身份，不同账号分配不同权限、行使不同职责。同时，账号关联抖音账号，进行直播、短视频带货，让商品与用户高效匹配。

（3）【商品管理】实时上传菜品信息，商品管理更便捷

抖音来客针对餐饮商家配备了完善的商品管理系统，商家可以任意管

理商品的信息，也可以根据销量随时上下架产品，操作非常便捷。

（4）【数据中心】经营数据有看板，数据集中不迷路

抖音来客聚合多个数据看板，集中展示团购销量、订单交易流水、用户数据分析等多维数据，帮助商家做好数据洞察，更全面地掌握各类经营数据。

（5）【顾客管理】商客互动更深入，更多链接促复购

抖音来客支持商家针对用户评价进行回复，有助于商家与用户建立联系，与用户良好互动，助力更好经营，提升店铺的权重和活跃度。更多优质的互动，能够促使更多的消费者再次进店消费。

（6）【推广中心】协助商家管理推广，推广方向更明晰

商家如果想推广自己的团购可以选择抖音本地推。通过推广中心，商家再也不用花太多心思去做推广销售数据统计和管理，通过推广中心的数据板可以清晰地看到自己的投入产出比。

本章抖音行动清单：

1. 上传营业执照和食品经营许可证并且认领抖音 POI 地址。
2. 按照相关步骤上传抖音团购。
3. 下载抖音来客 APP，了解并熟悉团购核销的全部流程。
4. 进入抖音来客后台，熟悉抖音来客所有功能模块。

第 10 章
全民直播，强曝光给餐厅持续引流

随着直播越来越火爆，很多餐厅陆续开启自己的直播模式。直播相比其他渠道，引流更直接，时间自由度更大。在餐饮行业，像肯德基、麦当劳、华莱士等全国性的大品牌都陆续加入了直播。如今线下的流量因为选址固定性因素的影响，格局基本已经定型。但是线上的流量争夺才刚刚开始。本章将详细分享餐厅做好直播的方法，以便给餐厅带来更多曝光。

10.1 抖音直播的特点

目前抖音直播的整个链条已经发展得相对成熟了，有完善的商城体系和供应链体系，所以商家通过直播不仅可以获得线上销售，还可以进行线下到店引流。目前很多餐饮品牌也开始了直播，作为新兴引流模式，如何通过抖音直播给餐厅引流和曝光呢？

10.1.1 餐厅直播的特点

随着抖音直播的风靡，越来越多餐厅选择在抖音上做直播。直播不仅能够全天候抢夺用户流量，同时能够促使用户随时随地下单。相比于其他在线引流平台，直播模式流量更加密集。餐厅直播有以下三个特点。

（1）直播属于冲动型消费

对于餐饮行业来说，一般直播的常规时间是 4~6 小时。这几小时要集尽全网最大的流量、最大的曝光，所以整个直播过程都需要围绕如何让客户快速下单。目前比较流行的做法是：搭配折扣比较大的套餐，现场激励等手段。由此可以看出，直播和美团点评是完全不一样的逻辑，直播的主要逻辑属于冲动型消费。

（2）直播更适合连锁餐饮品牌

根据笔者的经验，相比单店，直播模式更适合连锁餐饮品牌。对于单店来说，直播很难覆盖到附近 5 千米以内的精准用户，直播更多的是针对一个区域比如一个市、一个省的用户。如果要覆盖一个大的区域，那投入的推广费用就比较高。同时，只有一些连锁餐饮品牌，在全国各大城市都布局门店，这样不管是直播间的人气还是团购券的售卖量才能形成规模效应，效果才会更好。

（3）直播前期可尝试外包

要开设一场直播其实并没有大家想得那么简单，并不是简单地注册一个账号，架设一个手机就可以直接开播了。如果真正想做好直播，不仅要了解如何规避直播间话术禁词，还要了解如何运营和推广直播间。很多餐饮的从业者并非专业的主播出身，如果条件允许，还是建议先找外包团队，跟着专业团队学习如何做直播，后期再自己做尝试。

10.1.2 餐厅直播优势

相比短视频，直播带来的流量则更加宽泛。餐厅通过直播可以在线上不间断地进行曝光，相比大众点评、微博、小红书等平台，抖音直播传播更为立体，人设的打造更加全面，传播的方式更加多样化。餐厅直播有以下六大优势。

（1）门槛非常低

抖音直播不需要太过专业的拍摄，也不需要非常复杂的步骤，餐厅所有人员只要有手机均可操作，只要简单准备一个支架、一部手机就可以开始直播。

(2) 线上线下互通

利用直播，餐厅可以传播菜品、服务、口味等内容，观众能直观地感受到这家餐厅的氛围、服务和文化，直播拍摄的餐厅色香味俱全的菜品，能吸引线上顾客到店消费，同时可以将线下顾客吸引到线上进行购买。

(3) 直播花样多

现在餐饮行业直播的类型非常多，既有炒菜、才艺表演等各种类型的实操直播，也有餐饮品牌创始人分享餐饮方面各种知识的直播。

(4) 给账号加粉

对于餐厅抖音账号来说，可以通过现场直播的方式让大家点击左上角的关注，帮助账号获得更多粉丝。只要直播话术设置得好，播主的表现力强，通过直播间吸粉的效果是非常不错的。

(5) 提升账号活跃度

如果账号经常直播，能给账号带来不错的活跃度，同时抖音也会给账号更高的权重。经常直播的账号权重要比普通账号高一些。

(6) 提升用户的留存率

一旦账号开直播，抖音会先把你的直播消息推送给你的粉丝，如果你的餐厅经常有福利，经常更新动态，会加大粉丝对你账号的关注度，这样通过直播可以帮账号提升用户的留存率。

10.1.3 餐厅直播注意事项

虽然直播对于餐厅是一个非常好的引流渠道，但它是把双刃剑。如果店面本身管理做得不是很好，直播不仅不会帮助你宣传，甚至会将你的缺点无限放大。餐厅在做直播时要注意以下三点：

（1）避免纯广告宣传

在餐厅直播的过程中，如果把握不好其中的度，很容易变成纯广告展示，使用户心生反感从而迅速离开直播间。所以不要把直播间当作纯广告的展示空间，要适当地把握广告宣传的尺度。

（2）直播前练好基本功

如果是直播店面实操的过程，那么店面的每一个环节都会毫无保留地呈现在观众的面前。如果在直播过程中出现不当之处，直播失误也会带来负面影响，我们经常会见到直播间翻车的事情。所以我们要在直播前练好基本功，要确保店面正常运营是没有任何问题的，对于餐饮行业来说，一定不要在直播间出现食安问题。

（3）直播前先保证店面卫生到位

现在越来越多的餐饮品牌直接选择将后厨加工区进行现场直播，而且有些直播间的热度非常高。主要原因是大家现在对餐饮食安、餐饮后厨的安全非常关心。后厨作为餐饮行业最重要的一部分，如果要进行直播，那后厨的加工环境、人员操作规范度等都要经得起直播大众的考验。如果本身管理就有问题，通过直播不仅做不了宣传，还会起反作用。

10.2 抖音直播外包

餐厅如果选择做抖音直播，一种方法是老板自己亲自做直播，还有一种方法是请外包团队帮忙做。两种方法各有优劣势，但是从目前的情况来看，更多的餐饮老板不具备专业的抖音直播天赋或能力，所以有很大一部分人会选择将直播外包。以下将详细介绍抖音直播外包的费用和模式。

10.2.1 直播外包团队费用

目前市面上的抖音直播外包整体费用还是比较高的，这些直播外包公司的费用主要包含以下三个部分。

（1）基础服务费用

这个部分相当于直播团队的基础服务费用，价格的话根据城市等级不同而不同，一般是几千到一万元不等。这个是基础服务费用，也可以叫人工车马费，直接是给直播公司或者团队的费用。

（2）抽佣费用

除了服务费以外，直播公司更看中的是抽佣的费用。理论上说，这个费用是没有上限的。直播公司从团购、代金券的整体售卖金额中抽取一定比例的佣金。这个费用一般是根据商户的平均客单价进行抽成，抽佣的范围一般是5%~15%。客单价比较高的，抽佣比例会稍微低一点，客单价比较低的，抽佣比例一般会要高一点。

（3）投流费用

第三个费用是投流的费用。这个有点像直播间的抖加。如果想让自己的直播间拥有更高的人气，就需要对直播间进行流量的投放，结合商品售卖的热度，通过不断投流加热，提升直播间的曝光度。

10.2.2 直播外包团队人员组成

目前市面上有很多专业做直播的团队，但是质量参差不齐。如果想让直播达到更好的效果，就需要选择更专业的直播团队或者公司。一般可以先看对方的案例，了解对方直播场观、销量等数据。虽然都是做直播，但是直播的风格、主播的水平差异是非常大的。真正专业的直播，其主播的颜值、口播技巧、直播间的场景布置等各个细节都非常专业。一个专业的直播外包小团队主要是由以下4人组成。

（1）1~2个名主播

主播是主要的出境人，主要负责产品的介绍，带动直播间的气氛，和粉丝进行友好互动。这里要注意的是，主播不一定要颜值非常高，但是口才一定要非常好。只有口播能力强、有感染力，才能吸引更多的人在直播间停留。

（2）一名运营投流

运营投流主要负责实时关注直播在线的数据，配合主播拉升直播间的人气，帮助上产品链接，适当地进行直播间热度的投放，让直播间进入更大的流量池。

（3）一名现场场控

场控的工作主要是和主播互动，提高直播的效果，调动直播间的气氛，配合主播进行现场抽奖、销售等环节。一场好的直播必定离不开一个好的场控，场控相当于主播的助理，随时协助主播处理突发事件。

10.3 餐厅直播形式分类

针对不同的场景，直播呈现的效果会不同。目前餐饮行业存在多种直播的形式，每种形式的直播效果不一样，风格不一样，针对的粉丝群体也不一样。餐饮直播目前有以下五种类型。

10.3.1 内容不同的直播方式

根据直播内容，餐饮类型的抖音直播主要分为以下三种直播形式。

（1）店内走播

店内走播是指在店内边走边进行直播（图10-1），这种直播方式会要求餐厅环境、菜品都比较有特色。如果环境没有特色，走播的观赏性就会比较差。特别是一些海鲜店、日料店有现场新鲜食材展示的，很适合这种走播的风格。

（2）现场口播

现场口播是目前餐饮行业最常见的直播形式之一（图10-2）。直播间有一个主播，也有两个主播同时互动的形式。主要表现形式为：现场直播以主播口播为主，同时搭配一些促销活动。

（3）纯产品播

这种直播方式没有真人出镜，只是纯展示产品。纯产品播的主要表现形式为：通过产品展示的形式让用户下单（图10-3）。这种纯产品直播的方式现在比较流行，主播不用真人出镜。毕竟现在很多人看直播看人也看腻了，有的时候看看产品也觉得挺新鲜的。

图10-1 店内走播（来源于抖音"神洲四海鸟巢国际海鲜餐厅"号）

第 10 章　全民直播，强曝光给餐厅持续引流

图 10-2　现场口播（来源于抖音"想哥新餐饮"号）

图 10-3　纯产品直播

10.3.2　形式不同的直播方式

根据直播形式，餐饮类型的抖音直播主要分为以下两种直播形式。

（1）现场店播

现场店播是指在店内做直播（图 10-4），店里的直播要求网络宽带比较好，收音效果比较好，这种直播现场效果是非常好的。所有产品都可以现场制作，让人有身临其境的现场感，而且这种方式出餐比较方便，门店出餐和主播播报的产品对接比较便捷。

图 10-4　现场店播（来源于抖音"嗨～糖糖"号）

（2）专业直播间直播

考虑到直播的专业程度，现在有很多餐厅选择在专业的直播间直播（图 10-5），比如现在比较流行的绿幕直播。专业直播间的背景，所有器具物料全都经过专业的设计，甚至有些直播间打造得和现场几乎一样，看不出来有太大的差异。

▶引爆餐饮抖音：吸粉、引流、变现全攻略

图 10-5 专业直播间直播（来源于抖音"德克士吃鸡社"号）

10.4 打造餐厅直播间火爆人气

一场成功的直播不仅需要直播达人有良好的互动能力，同时需要运营、

198

投流等各个环节的配合，直播间才能一直保持比较高的热度。所以更全面地了解直播的规则，才能使我们更有针对性地策划好一场直播。本节将详细分享打造火爆直播间的几种方法。

10.4.1 影响直播间人气的因素

账号在进行直播的时候，直播间的人气是重中之重。场观的人越多就越会有越多的人进入直播间，场观越少直播间越没有人看。其实，随着现在直播的账号越来越多，直播间人气都比较一般，那些直播间几万人同时在线的毕竟是少数，在线人数几十人是常态。人气作为直播间最关键的因素之一，影响一场直播人气的因素有很多，主要包括以下三方面：

（1）在线人数

在线人数主要是指进入直播间观看直播的实时在线人数和总观看人数，通过右上角可以很直观地看到直播间的人数（图10-6）。在线人数是目前衡量直播间热度最重要的一个指标。

（2）直播互动量

互动量主要包括观众评论数、点赞数（双击）、礼物数（观众所刷礼物的数量）、加入粉丝团的人数、点击直播间购物袋的人数、分享直播间的人数等。互动量也是影响直播间热度一个非常关键的因素。我们现在看到很多餐厅的直播间不停地给用户送礼物，跟用户互动，其实就是为了拉升直播互动量。

（3）直播间留存率

留存率是指观看直播间的人中最后留下来的人所占的比率。比如：有

▶ 引爆餐饮抖音：吸粉、引流、变现全攻略

100个人进入你的直播间，有40个人留下来了，那么留存率就是40%。直播间的留存率越高，人气值推荐量越高，抖音越会把你的直播间推荐给更多的观众。所以餐厅在做直播的时候要想办法让进入直播间的用户多停留。

图 10-6　直播在线人数

10.4.2 直播间运营技巧

在直播的过程中，掌握一定的直播间运营技巧是非常重要的。如何在直播前让更多的人知道你的直播间，如何在视频过程中嵌入直播的推广信息等都是常规直播运营的一些必备技能。

（1）直播预告

为了让更多的人在直播前就知道你的直播计划，需要我们在直播前提前进行直播预告。其实最直接的方法就是在个人简介里告诉粉丝直播的具体时间，吸引他们到时观看，或者在自己抖音名字后面加一个直播时间后缀（图10-7）。

图10-7　直播时间变成名字后缀（来源于抖音"想哥新餐饮"号）

（2）找熟人帮忙

将亲朋好友、同事、同学、家人等所有你能够找到的人，都拉到你的直播间，让他们帮忙增加直播间的基础人气。

（3）小号协助

小号是我们唯一能自己控制的直播间在线人数，适当地用小号互动可以避免观众进来后没人在线和没人评论的尴尬。

用小号或者小号群在直播时问问题，可以带动直播间人气。现在一些专业的直播团队在做直播时都会批量搭建自己的小号矩阵群。

（4）爆款视频马上开直播

如果我们的某条视频上热门了，这个时候需要马上开直播。

在打开直播时，视频右上角的头像外圈会有一个粉色的、动态的圈圈（图10-8）。借着爆款视频的热度，我们能够吸引大量用户点击头像进入我们的直播间。这是快速提升直播间在线人数最有效的方法之一。

（5）直播间封面

为了第一时间吸引用户的眼球，直播间的封面图一定要用心设计。

有很多用户通过抖音的直播广场去看直播。如果你的封面图设计得很有吸引力，就能吸引很多人进入直播间。

关于这点，大家可去淘宝网搜索抖音封面设计（图10-9），或者学习其他优秀的直播账号，看他们的封面图是如何设计的。

第 10 章　全民直播，强曝光给餐厅持续引流

二、主播个人页直播动态（已经全量上线）

功能简介与界面展示：

图 10-8　直播账号特殊提示

图10-9 直播间封面图设计

（6）付费推广

如果直播间点赞数和在线人数都保持得不错，我们可以尝试投放一些费用来提高直播间热度，辅助直播间进入更大的流量池。

10.4.3 快速提升直播间粉丝互动量

在直播的过程中，如果想要直播间一直保持比较高的热度，提升与粉丝互动量非常关键。因为只有更好地互动，用户才愿意更长时间停留在直播间，从而提升直播间的留存率。

（1）口播引导

口播引导主要通过主播口头引导的方式，与用户产生互动，例如：

觉得有收获的，麻烦扣个 666。

欢迎某某某朋友来到我们的直播间。

这份新店开业资料今天免费送给大家。

（2）贴纸引导

我们都知道，在直播间页面的右上角是可以添加一个贴纸的。通过这个贴纸，我们可以提前将直播进行宣传，比如引导关注、引导评论、导流微信等。

（3）常规互动

账号可以用问话的形式和用户进行常规的互动。比如：有没有想要更高折扣套餐的朋友？想要的朋友可以扣一波 111 吗？接下来我们一块迎接更大折扣力度的套餐好不好？

（4）抖音福袋

在抖音直播里，有很多主播会开通抽奖活动，常见的抽奖方式是抽福袋，而抖音直播间的福袋是需要后台设置的，很多人不知道怎么设置福袋，这里分享一下福袋设置的方式。

① **功能入口**

巨量百应(达人身份登录)入口：【营销管理】—【超级福袋】（图 10-10），具体开通门槛请以页面提示为准。

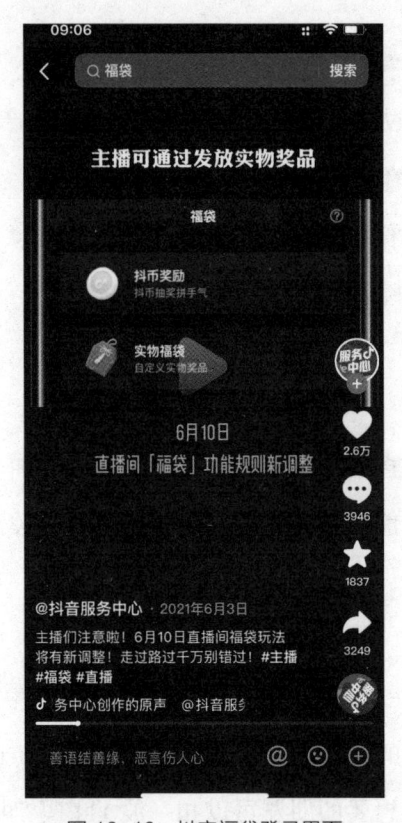

图 10-10　抖音福袋登录界面

② **创建奖品**

活动入口：【营销管理】—【超级福袋】—【奖品池】，进入页面后点击【创建奖品】。

（5）上一款低价引流产品

要想提升直播的互动量，还有一个非常好的方法，就是上一款低价的引流产品。因为像餐饮类的直播间，很大一部分客户基本都是冲着低价折扣去的，上了低价引流产品以后，粉丝会在直播间提各种各样的问题。比如：** 店可不可以用，什么时间段可以用等，这样可以极大地提高直播间的互动量。

本章抖音行动清单：

1. 尝试设计一款直播入口图。

2. 尝试用自己的账号开启一场 60 分钟的直播。

3. 按照本章介绍的方法，尝试一些简单的直播互动技巧。

4. 熟悉在直播时挂团购链接的流程。

第 11 章
新店开业，如何引爆一个城市抖音

一个品牌在一个城市开新店，要想生意火爆，撬动全城的流量，有两种常见的方法。第一种是运营自己的抖音号，将线上流量引导到线下。但是这种自建抖音号的方式想要在短时间内起号，达到一定的粉丝数量级，如果没有很丰富的抖音运营经验，是非常有难度的。第二种是支付一定的费用，选择外包请当地城市抖音矩阵号带动流量。

笔者之前策划过全国近 20 个城市的抖音矩阵探店，推广费用其实并不像想象的那么高，根据城市的等级不同费用在 2 万 ~5 万元，如果策划得好，能给门店带来多达几十万元的营收。本章笔者将分享第三方抖音矩阵的一些落地实操的方法。

11.1　快速摸清城市抖音情况

一个品牌要想在新城市引爆抖音流量，必须第一时间了解这个城市抖音的大体情况。

比如要了解当地城市竞品的情况，品牌所在商圈抖音团购的售卖量，城市抖音热门前五主要涵盖的餐饮品类等。

通过这些数据，可以大致判断这个城市抖音整体的热度情况。本节将详细介绍如何在新城市做抖音矩阵引爆开业人气。

11.1.1　了解新开门店商圈竞品

一家新店如果要做抖音矩阵营销，必须要对当地的商圈竞品有所了解。如果你是做小吃品类的，需要通过大众点评和抖音了解当地抖音小吃热门榜（图 11-1），大众点评商圈四榜：人气榜、口味榜、环境榜、服务榜。

榜单排名在前五的品牌基本上都是当地比较热门的品牌。通过分析城市榜单排名靠前的品类能大致分析出当地餐饮品类的热度。

11.1.2　分析抖音热门流量品牌

找到当地抖音热门排行榜单以后，可以进入榜单详情页面，了解每个品牌的线上推广情况，了解其营销或者品牌的特色。点击抖音热门排行榜单排名靠前的品牌（图 11-2），关注以下两点：

▶引爆餐饮抖音：吸粉、引流、变现全攻略

图 11-1　了解当地抖音热门榜

第 11 章　新店开业，如何引爆一个城市抖音

图 11-2　抖音热门排行榜

（1）热门品牌的团购销量（图11-3）

销量最高的套餐卖了多少份，销量有没有进入商圈热门，如果自己的品牌想要冲进销量前三，预计销量要达到多少。

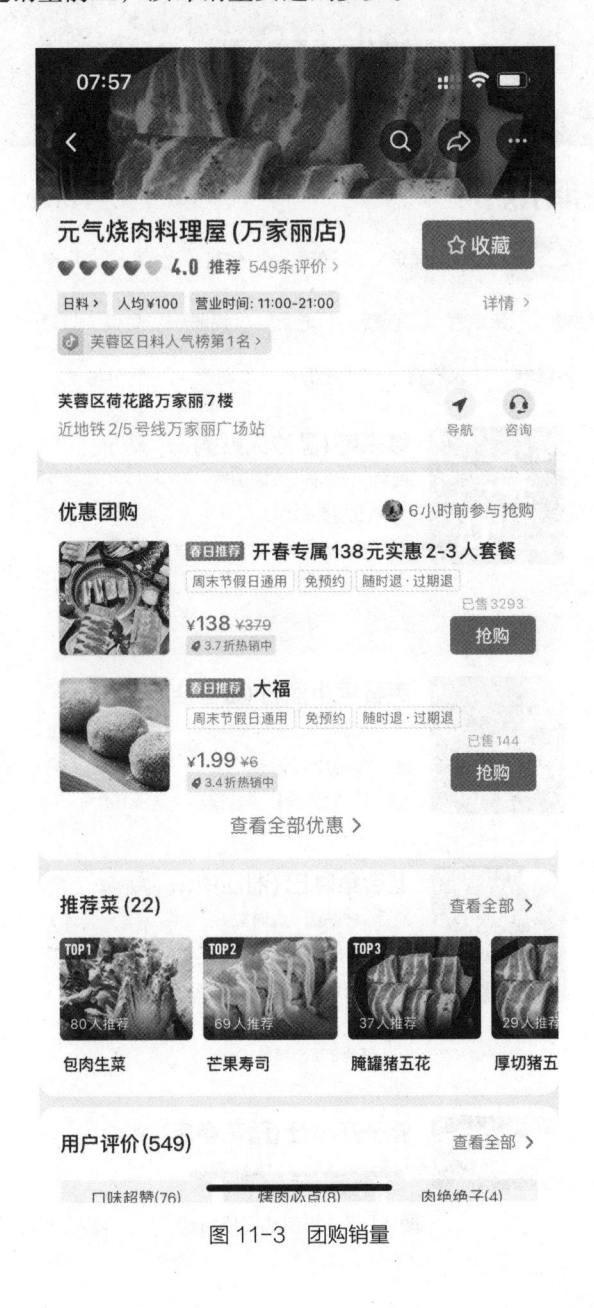

图11-3　团购销量

（2）热门品牌的地址点击量（图11-4）

在了解了地址点击量数据以后，用百度搜索一下当地的人口，大致可以预估品牌在当地人口的城市品牌到达率有多少。

图11-4 地址点击量（来源于抖音"小白不白吃"号）

11.1.3 搜集竞品的达人探店号

一般当地的抖音热门餐饮品牌基本上都请达人矩阵探店，我们需要查询排名靠前的餐饮品牌，了解其分别请了哪些数据比较不错的达人进行推广（图11-5），通过联系这些达人，我们可以咨询相关合作的报价。

图11-5 了解竞品前5名

11.2 找到优质抖音合作商

分析完当地城市抖音热度以后，接下来就需要寻找一个优质的抖音合作商。目前市面上做抖音达人探店的公司非常多，如何才能选择一家比较靠谱的合作商呢？毕竟一次达人矩阵探店费用少则几万元多则十几万元，为了能把钱花在刀刃上，我们必须对合作商进行多维度考察。

11.2.1 合作前期注意事项

目前市面上从事抖音达人矩阵探店的公司非常多，如何通过一定的筛选技巧判断一家公司的专业度变得非常重要。之所以要货比三家，谨慎选择合作商，最主要的还是因为对于商家来说，必须使一次推广营销费用发挥出最大的效果。合作前期需要注意以下四点。

（1）看合作商最近案例

现在做抖音矩阵外包的公司还是比较多的，特别是一二线城市肯定不止一家在做抖音矩阵探店。我们可以多找几家对比一下，最主要的是看对方近期做得比较好的案例，看看案例的呈现效果怎么样，所有矩阵账号整体的点赞、评论数据怎么样。由此可以判断对方的整体达人数据呈现情况。

（2）矩阵推广不选大号

在挑选抖音矩阵的账号时，建议不要选那种有百万粉丝的大号。因为这种大号报价单条都在一万元以上，性价比非常低。与其这样，还不如花同样的预算多选择一些有万粉或十万粉的小号和中号。因为抖音是去中心化的平台，粉丝多不一定代表视频推广数据好。有些只有几千粉丝的小号如果视频拍得好，也能出爆款。所以在挑选抖音矩阵账号的时候一定要注意：不要挑选有百万以上粉丝的大号，可以多挑选一些近期数据表现比较好的千粉、万粉号。

（3）至少找三家以上的公司做对比

中国有句老话说得好，买东西需要货比三家。像一二线城市规模大一点的做达人抖音探店矩阵的公司非常多，这种情况下，我们至少要找三家以上的公司做对比。其实每家公司的专业度和价格差异都是比较大的，我们需要擦亮眼睛，选择最合适的那一家。一个好的达人矩阵探店公司，能够将达人探店的事宜安排得非常好，非常专业，商家在整个抖音矩阵推广过程中要少操很多心。

（4）提前确定档期

在做抖音达人矩阵探店之前，为了避免彼此合作时间上出现冲突，需要提前和合作商确定拍摄档期。特别是一些比较优质的达人探店合作商在节假日的时候一般业务比较多，如果想要做探店推广一定要提前和第三方公司商定合适档期。比如中秋、国庆这种营销大节，一般至少需要提前半个月确定合作档期。为了抖音探店能够顺利进行，必须提前做好准备，这样才能使达人探店的价值最大化。

（5）确定费用支付细节

签完合同以后，接下来就是费用支付的环节。在初次见面商谈合作时一定要确定费用细节，费用支付时是对公打款还是对私打款等，都需要确定好细节并写到合同中。不管对方说得多天花乱坠，一定要白纸黑字，以避免后期产生不必要的麻烦。

11.2.2 签订合同的三个注意事项

进入新城市开始抖音矩阵推广，很多情况下跟合作方都是第一次合作。为了能够对达人及探店公司进行更好的管理，整个合作过程最好签订合同，避免在合作过程中出现相互扯皮的情况。在签订抖音矩阵合同时需要注意以下几个点：

（1）前期不付全款

很多城市的抖音探店公司需要在合同签订后就支付全款，关于付全款这块是可以跟合作公司进行洽谈的。对于商家来说，抖音矩阵探店是第一次合作，如果一开始就付全款，风险是非常大的，对于商家完全没有保障。这个时候可以和对方商谈先支付一半，等所有矩阵视频全部发布完再支付另一半。对于商家来说，压一笔尾款在手上，可以更好地督促抖音合作商按要求办事，达人号也能更好地按品牌方的要求发布视频，如果没按要求发布视频，尾款可以延后结算。

（2）抖音矩阵号全部写入合同

在跟对方确定了合作意向以后，所有的抖音矩阵达人号都要写到合同中，到时候账号有没有发送全部都要一一核对。如果不监督，不写入合同中，对方很有可能出现账号漏发的情况。但是品牌方毕竟每一个账号都花了钱，不能让对方马虎了事，做到每一分钱都花在刀刃上。

（3）要求合作方把所有素材打包发给品牌方

一般美食达人探店时，不管是图片还是视频都会拍摄很多素材，这些素材因为都是专业达人拍摄的，其摆盘和视频的整体呈现都比较好（图11-6）。既然自己已经花了钱，就可以要求对方把所有素材一次性打包过来，这样品牌方后期可以二次利用这些素材。

图 11-6 达人探店拍摄的素材

11.3 达人探店中期准备

为了保证达人探店的事宜顺利进行，也为了更好地达到抖音探店的效果，门店在达人探店前需要和抖音矩阵探店公司进行详细的沟通和安排。

11.3.1 门店员工提前做好准备

在达人探店之前，门店需要做好充足的准备。品牌方需要提前和达人方负责人沟通好探店时间、探店人数、探店菜单安排等各个探店细节,这样才能保证探店工作有序进行。关于达人探店,门店需要注意以下三点:

(1)提前准备发布计划表

为了探店工作有序进行,门店需要和抖音探店合作方提前对接好各个细节。比如,具体什么时间段来店拍摄,每次来探店的博主有几个人,每次探店前门店需要准备哪些菜品等,这些需要提前沟通好。最好是在探店之前,让合作方填写一份详细的达人探店安排表(表11-1),达人探店开始之后,每个达人能够按照计划表有序推行,这样不仅达人方能按照计划探店,也能让门店减少和达人方沟通的成本。

表11-1 达人探店安排表

** 餐厅 探店计划表/2023年3月15日					
探店具体时间及探店人数(全部分组,每组选一个组长)					
12号14:00/ 一组3人 账号A 账号B 账号C	13号14:00/ 四组3人 账号D 账号E 账号F	14号14:00/ 七组3人 账号G 账号H 账号I			
12号15:00/ 二组3人	13号14:00/ 五组2人	14号15:00/ 八组3人			
12号16:00/ 三组3人	13号14:00/ 六组2人	15号16:00/ 九组3人			
2人探店菜品准备	3人探店菜品准备	4人探店菜品准备	5人探店菜品准备	6人探店菜品准备	7人探店菜品准备
发布时间安排(对方每天需提供发布链接)					
	11~13号发	14~16号发	17~20号发	21~25号发	26~30号发
抖音发布计划	6个账号发布	7个账号发布	8个账号发布	9个账号发布	10个账号发布
小红书发布计划	6个账号发布	7个账号发布	8个账号发布	9个账号发布	10个账号发布

（2）探店需错开门店营运高峰期

为了不影响门店的营运，建议达人探店时最好提前和门店沟通好，来店拍摄时避开门店的用餐高峰期。因为在门店高峰期探店的话，店长要忙于门店运营，无法和探店达人进行更好的沟通。所以探店的时间建议选择10：00~11：00以及14：00~16：00。在这个时间段，门店因为不是客流高峰期，可以更好地配合达人探店工作。

（3）探店菜品出品需更优质

为了能让达人拍摄的菜品呈现视频更吸引人，我们需要在菜品的出品和摆盘上多多注意。为了能达到更好的效果，在拍摄前需要提前和后厨沟通，探店需要拍摄的菜品尽量出品得比平时更精致、更好一些。因为探店达人拍摄的视频后期都要剪辑成视频给粉丝看，所以拍摄的画质以及菜品呈现一定要比平时更好，这样才能让所有的达人将菜品呈现出更好的效果。只有视频的效果好，用户才会给视频点赞，同时购买左下角的团购，商家的抖音矩阵营销才能达到最好的效果。

11.3.2　抖音矩阵账号发布技巧

达人探店前期拍摄完视频以后，接下来就是各个账号分批发布了。为了能够让所有探店达人的流量最大化，选择发布时间是非常关键的。既要保证视频在短时间内将门店引爆，也要保证整个抖音推广至少有半个月的流量持续期。只有这样，才能让自己的品牌在抖音矩阵推广期有更多的曝光和流量。达人探店号的视频发布有以下技巧。

（1）探店视频需控制发布时间

为了能让达人发布的视频有持续的热度，所有探店博主的视频建议最好不要在一天内发完。但是，中间发布间隔也别太久，时间太长会导致热度不集中。笔者一般建议在 15 天左右把视频陆续发完，这样做的目的是让视频的热度持续得更久一点。如果是品牌在一个全新城市开业，建议抖音热度最好能控制持续一个月左右。因为一家新店开业，最需要的就是持续不断的流量。

（2）抖音矩阵推广前必须上团购

为了能让抖音矩阵推广达到最好的效果，建议在发布视频之前先上传门店的团购。经过笔者的不断测试，抖音左下角不带团购比带团购的推广效果差了一半左右。而且只有上了团购以后，门店最后才能统计出一条视频能带来多少消费量。通过后期的团购售卖量，能准确监测达人探店的效果，从而更好地进行数据化的管理。所以，在做达人探店之前一定要先申请 POI 地址，同时至少上传一个抖音团购。

（3）达人探店视频需要统一风格

为了保证整个品牌推广的统一性，建议餐饮品牌把品牌介绍、产品特色、需要推广的重点提前给达人探店公司。这样能保证所有的探店号拍出来的视频集中体现门店的产品特色，不至于探店内容太过分散，影响团购的销量。

11.3.3 抖音团购的条件

对于餐厅来说，必须同时具备食品经营许可证和营业执照两证，才能在抖音上传团购。

11.4 做好数据复盘和分析

为了监测抖音达人矩阵推广的效果，门店在做完抖音矩阵推广以后，必须要做好数据总结和复盘。做复盘的目的主要是知道抖音推广大概花了多少钱、产出有多少、达到了什么效果，全方位地对数据进行评估。

11.4.1 整体三量数据复盘

抖音矩阵推广结束以后，需要对所有达人账号的点赞、评论、转发量进行统计（表11-2）。通过数据复盘可以大致判断抖音推广带来了什么效果，比如：套餐最后的售卖量是多少份、门店有没有进入抖音热门排行榜等，这些都要通过数据展现出来。

表 11-2 三量数据统计

某餐厅抖音/小红书推广数据统计表								
抖音发布账号	播放量预计	点赞	评论	转发	小红书发布	点赞	收藏	评论
总数据								
门店地址点击量								
点评榜单								
抖音榜单								

11.4.2 门店营收对比复盘

抖音矩阵的推广持续时间一般是 15~30 天。抖音推广结束以后，需要尽快对门店营收数据进行复盘。具体操作办法是：可以拉取推广期间当月门店的营业额，将抖音矩阵推广前和推广后两个月的数据进行统计并对比，可以大致推断出抖音矩阵推广对门店营业额的具体影响。当然，这个数据只是估算的，无法完全准确地测算出抖音带来的推广效果。

11.4.3 营销投入产出比复盘

一般一二线城市的抖音矩阵推广费用是一万元起步。用前期所有抖音推广投入费用除以当月门店整体营收，就可以大致计算出推广的投产比。一般抖音矩阵推广投产比能达到 1∶3 以上就算是效果比较好的了。如果高于 1∶1，那就证明此次抖音推广完全就是赔本赚吆喝。

本章抖音行动清单：

1. 查看当地城市各大抖音排行榜单。

2. 了解一下餐厅的抖音地址点击量。

3. 计算一下达人探店的总投入产出比。

第 12 章
从零开始，快速搭建抖音团队及预算

虽然抖音入局的门槛并不是太高，但是目前餐饮行业抖音号运营得好的确实少之又少。无论是个人还是企业，运营抖音号并不难，难的是将账号真正变现。在这种情况下，搭建一支专业的抖音运营团队是非常重要的。本章将详细阐述如何从零开始搭建一个餐饮品牌的抖音运营团队。

12.1 团队搭建，组建餐厅抖音运营小组

目前很多连锁餐厅都搭建了专业的抖音团队，而很多个体工商户都是老板自己在运营。专业的抖音运营团队搭建需要花费一定的费用，结果产出相对更好一些。个人账号运营相对成本低，见效可能会慢一些。具体怎么选择，取决于账号未来到底是如何规划的。本节将详细分享如何从零开始搭建一个完整的抖音运营团队。

12.1.1 餐厅抖音号运营者现状

纵观目前市面上大多数餐饮类抖音账号，大部分都是单人在运营。这主要是因为单人运营成本低，上手快。但是单人运营想要做好一个账号难度是非常大的，整个过程需要花很多精力。而且很多抖音账号的运营者是老板本人，平时还要忙于门店的运营，所以没有办法全身心放在抖音运营上。

（1）抖音运营现状一：单打独斗，自己一个人做

不可否认，餐饮行业通过抖音这个平台确实涌现出了一批大大小小的网红店。但是，内行看门道，外行看热闹。有些网红店看似很接地气，实则背后却有专业操盘手在运作。但是大多数账号目前仍然是老板自己一个人在运营，毕竟请专业的团队运营就会涉及成本的投入。但是就目前情况

来看，仅仅靠个人运营的账号已经很难在激烈的竞争中脱颖而出了。

（2）抖音运营现状二：门槛不高，高手却很少

抖音视频的制作门槛其实并不高，作为餐饮老板，随便拿个手机就能拍。但是，抖音从2016年发展到现在，平台发展得已经非常成熟了。据统计，餐饮行业中超过1万粉丝的账号不足1%，可见虽然门槛低，但是真正优秀的人才少之又少。要把一个账号运营好，餐饮抖音真正的运营人才是非常稀缺的。

（3）抖音运营现状三：没有掌握专业的运营技巧

浏览一下大部分餐厅的账号会发现，粉丝连1000都不到。主要的原因还是大家都没有掌握专业的运营技巧。但是这就是如今餐饮行业抖音运营的整体现状。自己运营涨粉速度非常慢，请外包运营费用又比较高，不敢轻易尝试。

12.1.2 抖音运营七大核心步骤

对于一些有预算的餐饮企业，要想在抖音上有更多的产出，搭建一个简易的抖音运营小组是非常有必要的。虽然成本可能有点高，但视频出品的质量肯定比个人运营的账号好很多。拍摄抖音前期具有以下七大步骤。

（1）确定账号选题

运营一个抖音账号的第一件事就是确定餐厅抖音号的选题和定位。确定风格是要搞笑，还是要做干货输出，只有定位清晰，吸引的粉丝才更精准。

（2）明确拍摄思路

确定了抖音账号选题以后，接下来就要明确拍摄思路。是选择美女老板娘出镜还是单独拍摄菜品视频，拍摄时是选择横屏拍摄还是竖屏拍摄等，这些前期拍摄思路的明确非常重要。

（3）准备拍摄工具

抖音拍摄的过程中，为了能达到更好的拍摄效果，需要准备一些辅助拍摄设备，比如补光灯、三角架、手机支架等。

（4）剪辑视频

视频拍摄完成以后，我们需要对所有的素材进排列组合，选用合适的背景音乐剪切出一条完整的视频。

（5）发布视频

前期工作做完以后，接下来最重要的就是发布视频。选择在合适的时间段发布视频，并适当投放抖加，可以让视频进入更大的流量池。

（6）作品运营

在视频发布以后，我们需要实时监测视频的播放量、评论量、点赞量等核心数据。为了增加视频热度，像评论、私信这些内容，后台都要及时回复。

（7）找到定位

账号运营了一段时间以后，基本上就能够判断哪些作品的数据比较好可以持续，哪些作品的数据差需要调整。通过不断分析、总结，慢慢就可以找到最适合自己的定位。

12.1.3 抖音小组人员高效分工

要想运营好一个抖音账号，光靠一个人单打独斗是非常困难的。专业的人做专业的事，搭建一个抖音运营团队能够更专业地运营抖音账号。抖音运营小组主要包含以下岗位。

（1）编剧

职责：负责短视频系列内容创作，包括剧本创意、BGM选取、内容创意、协调后期制作。

要求：熟悉餐饮行业爆点，能抓住账号核心粉丝的主要关注点，同时能结合当下热点对视频进行再创造。

（2）摄像

职责：用手机或者单反相机拍摄视频。

要求：有一定的运镜功底，知道如何运用颜色、构图、灯光和镜头处理等抓取最合适的镜头，特别是能够懂得抓取餐厅特色的特写镜头。

（3）剪辑

职责：独立完成视频的剪辑、合成、制作，熟练运用镜头语言将最好的效果通过视频的形式表现出来，同时负责对所有视频进行存档与使用管理。

要求：熟练使用手机版或者电脑版剪映App，能结合市场的需求和账号的特色快速、优质地出片。

（4）运营

职责：负责短视频日常内容发布，抖音账号、抖音小店的运营和管理。包括视频头图、封面图、抖音线上门店的各种装饰、抖音团购核销等。同时，运营需要提供短视频内容月度和年度视频计划表，负责对短视频上线后的数据进行分析、对内容运营的策略方法进行适时优化改进。

要求：及时收集用户反馈，与用户进行良好互动。根据内容运营效果提供线上线下相关活动建议，能够根据数据反馈分析不同流量渠道的流量规则，制定对应的流量获取策略。

12.2　高效运营，快速提高短视频团队效率

一个抖音视频想要上热门，不仅需要视频本身内容足够优质，同时需要专业的运营技巧。利用团队的合作，专业的培训，更容易让视频上热门。特别是对于一些刚刚入行的抖音小白，我们更需要有一整套的抖音运营培训流程。

12.2.1　抖音运营人员选拔和目的

目前餐饮行业抖音运营人才是非常稀缺的，所以如何选拔和培训抖音运营人员是一件迫在眉睫的事情。

（1）如何选拔优秀的抖音运营人才

根据调查，抖音上年轻群体占总数的50%以上。所以在招聘抖音运营人员时，建议以90后为主。年轻人更喜欢抖音，更能挖掘抖音的热点。同

时餐厅在招聘抖音相关的人员时，建议至少要有半年以上餐饮或者美食类抖音运营经验。

（2）抖音运营的核心目的是变现

抖音运营最核心的目的就是变现。如果一个账号不能变现，即便账号有千万粉丝，也没有太大的价值。我们在抖音运营前期一定培养这种核心理念，账号一开始运营就是冲着变现去的。在组建抖音运营团队的初期，一定要把这个核心目标刻在脑海里。

12.2.2 如何布局餐厅抖音矩阵

对于一个餐饮品牌来说，如果只是做单个抖音账号，其实影响力是非常有限的。如果想扩大自己品牌的影响力，还有一种方法，就是布局抖音矩阵。抖音矩阵的主要方法就是搭建多个账号。按照一整套SOP（标准化操作手册）的标准，注册多个账号同时发布内容。

（1）什么是抖音矩阵运营

抖音运营的方式中有一种快速裂变的方法就是搭建抖音矩阵。特别是连锁加盟餐饮行业或者餐饮培训行业，非常适合搭建抖音账号矩阵。抖音矩阵不仅可以吸纳更多精准的用户，还可以打通多个账号进行互通引流（图12-1），实现多平台、全方位的推广运营，增强账号的影响力，为日后的变现做铺垫。

（2）为什么餐厅要做抖音矩阵运营

对于单个抖音账号运营来说，一个账号风格不能随时更换，否则很难被抖音贴上标签。做矩阵的目的不仅是涨粉，在同一个平台内运营矩阵，

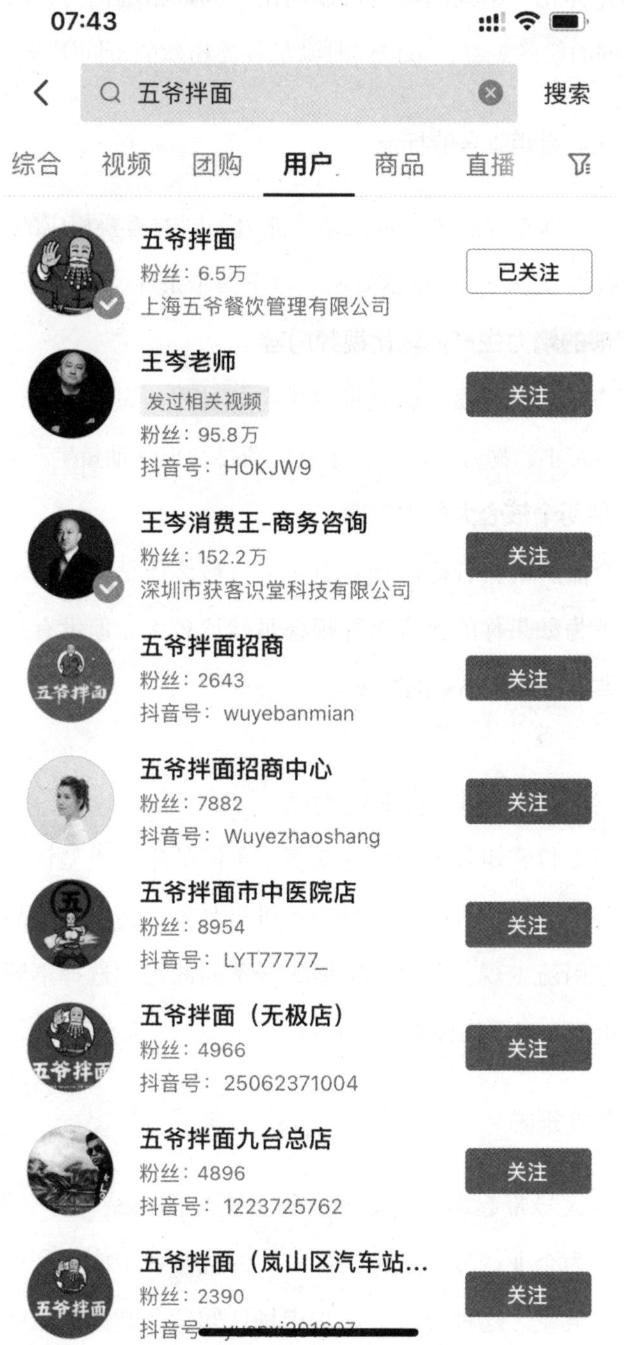

第 12 章　从零开始，快速搭建抖音团队及预算

图 12-1　抖音矩阵账号

是为了突出差异化,不同的账号可以输出不同风格的内容,不同的内容也可以吸引不同的粉丝观看,可以同时满足各类粉丝的不同需求。

(3)搭建抖音矩阵号的标准

搭建抖音矩阵不仅需要一定的创造能力,同时需要相应的人才、物力、财力支持。做抖音矩阵,一般需要满足以下两个条件。

① 有足够的精力生产批量化视频内容

抖音矩阵在某种程度上就是批量生产的过程,想要达到这个标准,必须配备足够的人才、物力、财力,才能达到抖音矩阵批量生产的效果。

② 有一到两个核心大号做支撑

不管一个品牌的抖音矩阵规模有多大,最终还是需要有一到两个大号来做支撑。因为如果你的抖音矩阵规模虽然比较大,但没有一到两个大号做支撑,很难带动周边小号的热度。

12.2.3 抖音矩阵的常见类型

目前市面上抖音矩阵的类型非常多,不同的矩阵类型针对的目标是不一样的。有些品牌做抖音矩阵只是为了进行品牌宣传,有些品牌则是为了通过矩阵快速引流变现。总之,根据账号不同的需求选择不同的矩阵运营方式。抖音矩阵有以下三种常见方式:

(1)放射式矩阵

由母账号大号带起多个子账号,每个账号都在品牌背书下开展运营,且子账号也多为企业账号。这种矩阵方式的优势在于能够利用品牌背书迅速带起子账号流量。这种方式适用于市场认知度非常高的品牌,比如海底捞、星巴克等本身就具有一定知名度的品牌。

（2）蓝 V ＋个人矩阵

各个抖音账号相互之间不打通，但是一看就知道这些账号属于同一个品牌。由于个人账号具有真人属性，又能够独立运营，更符合抖音用户的观看喜好。这种方法适用于强加盟的餐饮品牌。比如五爷拌面王哥、五爷拌面招商一哥等。这种矩阵打法主要是通过企业和个人相互关联的形式，为品牌引流变现。

（3）漏斗式矩阵

开设多个子账号做无商业化内容吸引粉丝。类似贺治锟聊餐饮这样的账号，通过开设多个账号，将内容进行混剪，然后在不同的账号上发布。前端进行引流，后期统一进行漏斗式变现。

> 小贴士
>
> 仔细分析这三种抖音矩阵运营方法，大致能够推断出，放射式、蓝 V ＋个人这两种方法更适用于拥有超强品牌力的蓝 V 账号以及本身就有一定影响力的餐饮连锁品牌。漏斗式矩阵则更适合有能力持续生产优质内容的团队。

12.2.4　头脑风暴甄选抖音选题

在抖音运营的过程中，如何进行抖音选题是非常关键的一步。为了更好地达成粉丝目标，我们需要设立明确的目标，使用正确的方法，定期对抖音数据进行复盘。

（1）确定主要变现方向

抖音账号在成立初期必须明确主要的变现方向。比如是想做加盟账号、给门店引流还是实现 IP 变现。确定了主要的变现方向，才能进行下一步。前期的账号目标不要定得太多，不能既想做加盟又想给门店引流，这样做的话目标会非常分散，后期在账号运营的过程中无法将资源集中。

（2）制订年、月、周目标

确定了目标和方向以后，接下来有一个非常重要的工作，就是分别制订抖音周、月、年目标。比如：如果你的目标是一年增长 1 万粉丝，那么你的月粉丝增长目标就是 1000 个，一个月的粉丝增长量就是 250 个，一天就需要增长 35 个。把目标精确到每一天，这样账号运营起来就会更有方向，更有动力。

（3）每周开选题会分析数据

每周制订了目标以后，接下来就是每周进行数据复盘和分析。对上周的视频播放量、点赞量、评论量进行分析。为什么有些视频会成为爆款，有些视频播放量不高？针对有代表性的视频进行数据分析和总结。同时，如果投放了抖加，需要进入抖加的数据后台进行数据分析，了解通过抖加投放带来的粉丝增长量，分析抖加的投入产出比。

12.3 设立目标，抖音也需制定 KPI 考核

在设置了抖音运营这个岗位或者搭建了抖音运营团队以后，我们需要对抖音团队进行 KPI 考核。这样做的目的是更高效、更有目的性地提升抖音的数据。根据不同的需求，可以分别设置不同的 KPI 考核方法。常见的抖音 KPI 考核机制如下。

12.3.1 以品宣为目的的 KPI 设置

有一些全国性的餐饮品牌，平时基本上没有折扣，他们利用抖音唯一的目的就是进行品宣工作，比如星巴克，通过李不拿铁比较搞笑的形式进行品牌宣传，从而传递一种诙谐幽默的品牌形象。这种 KPI 的设置比较简单，以播放、点赞、评论的数量为主要考核内容即可，因为这种 KPI 形式只是考核品牌触达效果。

12.3.2 以网红店为目的的 KPI 设置

如果想通过抖音打造一个网红店，那么 KPI 的设置主要是要考核视频播放量、团购售卖量、加盟咨询量等。网红店打造主要有两个目的：第一，通过线上线下的持续流量，确保门店稳定营收；第二，以网红店为支点，开放加盟连锁。所以以网红店为目的的 KPI 考核主要可以考虑这两个模块。

12.3.3 以卖货为目的的 KPI 设置

前面的章节分享了抖音主要的变现渠道之一为卖货变现。以卖货为主的抖音账号 KPI 主要考核的就是前端的流量促使后端卖出了多少货，最后可以拿卖出货物的利润一部分作为抖音团队或个人的 KPI 考核。

12.3.4 以加盟为目的的 KPI 设置

如果抖音账号是纯以加盟为目的，那么主要考核的点就是加盟客户每月的电话咨询量和加盟成交量。但是，以加盟为目的的账号切记一定要具备相关的加盟资质。

本章抖音行动清单：

1. 制定每月抖音账号涨粉目标。

2. 根据市场行情，了解是否需要找专业的人进行运营。

3. 尝试搭建餐饮抖音矩阵号。

后记　如何正确看待抖音给餐饮行业带来的变革

自 2016 年抖音平台上线以来，在抖音平台上产生了大量的百万、千万富翁。很多餐饮品牌通过抖音一夜爆火，不到一年时间从一家店快速扩张到几百家店，让我们彻底见识到了抖音的威力。笔者很欣慰自己在 2015 年前加入餐饮这个行业，感受到餐饮行业未来的潜力仍然巨大。餐饮行业虽然是一个整体利润不太高的劳动密集型行业，但是中国餐饮的规模，未来的空间仍旧是不可想象的。

从目前的情况来看，抖音对于餐饮行业来说，无疑是一个争夺流量的非常重要的入口。但是笔者不得不说，很多餐饮品牌在抖音这条路上越走越远。只关心流量，只关心视频有没有上热门，而不去真正关心和提升自己的产品力，大多数人只想着割一波韭菜就走。如果抱着这种心态经营，对餐饮行业的整体发展将是非常不利的。

餐饮的本质是什么？产品，产品，还是产品。不管抖音吹得多天花乱坠，最终都离不开产品这个本质。也许你能忽悠客户一次，但是如果味道不好、体验不好，客户肯定再也不会过来。和大家一样，笔者也经常经不住诱惑，购买一些抖音团购券。达人博主的效果呈现非常好，视频也拍得非常诱人，但是实际现场体验却不尽如人意，不仅出品不行，服务更是想让人吐槽。

所以笔者想奉劝所有的餐饮人，研究学习抖音没有错，但是不能偏离餐饮的本质，不能本末倒置，只有建立在真正为顾客着想的基础上运营抖音，才能走得更远。

抖音的红利已经持续好几年了，大部分用户都感受到了抖音的魅力，但仍有很多人迟迟不敢行动，不肯行动。我相信抖音的发展并没有达到顶点，还有很多潜力可挖，祝福所有的餐饮人都快速进入抖音，能真正运营好抖音，借助抖音这个平台抢得这一波短视频的红利。